مصحف المدينة النبوية

القرآن الكريم
وترجمة معانيه إلى اللغة الإندونيسية

مجمع الملك فهد لطباعة المصحف الشريف

AL FAATIHAH
(Pembukaan)

MUQADDIMAH

Surat "Al Faatihah" (Pembukaan) yang diturunkan di Mekah dan terdiri dari 7 ayat adalah surat yang pertama-tama diturunkan dengan lengkap di antara surat-surat yang ada dalam Al Qur'an dan termasuk golongan Surat Makkiyyah.

Surat ini disebut "Al Faatihah" (Pembukaan), karena dengan surat inilah dibuka dan dimulainya Al Qur'an.

Dinamakan "Ummul Qur'an" (induk Al Qur'an) atau "Ummul Kitaab" (induk Al Kitaab) karena dia merupakan induk bagi semua isi Al Qur'an, serta menjadi inti sari dari kandungan Al Qur'an, dan karena itu diwajibkan membacanya pada tiap-tiap shalat.

Dinamakan pula "As Sab'ul matsaany" (tujuh yang berulang-ulang) karena ayatnya tujuh dan dibaca berulang-ulang dalam shalat.

Surat ini mengandung beberapa unsur pokok yang mencerminkan seluruh isi Al Qur'an, yaitu:

1. Keimanan:

Beriman kepada Tuhan Yang Maha Esa terdapat dalam ayat 2, dimana dinyatakan dengan tegas bahwa segala puji dan ucapan syukur atas sesuatu ni'mat itu bagi Allah, karena Allah adalah Pencipta dan sumber segala ni'mat yang terdapat dalam alam ini.

Di antara ni'mat itu ialah: ni'mat menciptakan, ni'mat mendidik dan menumbuhkan, sebab kata "Rabb" dalam kalimat "Rabbul-'aalamiin" tidak hanya berarti "Tuhan" dan "Penguasa", tetapi juga mengandung arti tarbiyah yaitu mendidik dan menumbuhkan. Hal ini menunjukkan bahwa segala ni'mat yang dilihat oleh seorang dalam dirinya sendiri dan dalam segala alam ini bersumber dari Allah, karena Tuhan-lah Yang Maha Berkuasa di alam ini. Pendidikan, penjagaan dan penumbuhan oleh Allah di alam ini haruslah diperhatikan dan dipikirkan oleh manusia sedalam-dalamnya, sehingga menjadi sumber pelbagai macam ilmu pengetahuan yang dapat menambah keyakinan manusia kepada keagungan dan kemuliaan Allah, serta berguna bagi masyarakat. Oleh karena keimanan (ketauhidan) itu merupakan masalah yang pokok, maka didalam surat Al Faatihah tidak cukup dinyatakan dengan isyarat saja, tetapi ditegaskan dan dilengkapi oleh ayat 5, yaitu: "Iyyaaka na'budu wa iyyaaka nasta'iin" (hanya Engkau-lah yang kami sembah, dan hanya kepada Engkau-lah kami mohon pertolongan).

Yang dimaksud dengan "Yang menguasai hari pembalasan" ialah pada hari itu Allah-lah Yang berkuasa, segala sesuatu tunduk kepada kebesaran-Nya sambil mengharap ni'mat dan takut kepada siksaan-Nya.

Hal ini mengandung arti janji untuk memberi pahala terhadap perbuatan yang baik dan ancaman terhadap perbuatan yang buruk. "Ibadat" yang terdapat pada ayat 5 semata-mata ditujukan kepada Allah, selanjutnya lihat not 6.

2. *Hukum-hukum.*

    Jalan kebahagiaan dan bagaimana seharusnya menempuh jalan itu untuk memperoleh kebahagiaan dunia dan akhirat. Maksud "hidayah" di sini ialah hidayah yang menjadi sebab dapatnya keselamatan, kebahagiaan dunia dan akhirat, baik yang mengenai keyakinan maupun akhlak, hukum-hukum dan pelajaran.

3. *Kisah-kisah.*

    Kisah para nabi dan kisah orang-orang dahulu yang menentang Allah. Sebahagian besar dari ayat-ayat Al Qur'an memuat kisah-kisah para nabi dan kisah orang-orang dahulu yang menentang Allah. Yang dimaksud dengan orang yang diberi ni'mat dalam ayat ini, ialah para nabi, para shiddieqiin (orang-orang yang sungguh-sungguh beriman), syuhadaa (orang-orang yang mati syahid), shaalihiin (orang-orang yang saleh).

    "Orang-orang yang dimurkai dan orang-orang yang sesat," ialah golongan yang menyimpang dari ajaran Islam.

Perincian dari yang telah disebutkan di atas terdapat dalam ayat-ayat Al Qur'an pada surat-surat yang lain.

AL FAATIHAH (PEMBUKAAN)
SURAT KE 1 : 7 ayat
JUZ 1

1. Dengan menyebut nama Allah Yang Maha Pemurah lagi Maha Penyayang [1]).

2. Segala puji [2]) bagi Allah, Tuhan semesta alam [3]).

3. Maha Pemurah lagi Maha Penyayang.

4. Yang menguasai [4]) hari pembalasan [5]).

---

1) Berarti: saya memulai membaca Al Faatihah ini dengan menyebut nama Allah. Tiap-tiap pekerjaan yang baik itu hendaknya dimulai dengan menyebut nama Allah, seperti: makan, minum, menyembelih binatang untuk dimakan dan sebagainya. *Allah* ialah nama Zat yang Maha Suci, yang berhak disembah dengan sebenar-benarnya; yang tidak membutuhkan makhluk-Nya, tetapi makhluk membutuhkan-Nya. *Ar Rahmaan* (Maha Pemurah) salah satu dari nama Allah, yang memberi pengertian, bahwa Allah melimpahkan karunia-Nya kepada makhluk-Nya, sedang *Ar Rahiim* (Maha Penyayang) memberi pengertian, bahwa Allah senantiasa bersifat rahmat yang menyebabkan Allah selalu melimpahkan rahmat-Nya kepada makhluk-Nya.

2) *Alhamdu* (segala puji). Memuji orang adalah karena perbuatannya yang baik yang dikerjakan dengan kemauannya sendiri. Maka memuji Allah berarti: menyanjung-Nya karena perbuatan-Nya yang baik. Lain halnya dengan syukur yang berarti: mengakui keutamaan seseorang terhadap ni'mat yang diberikannya. Kita menghadapkan segala puji kepada Allah ialah karena Allah adalah sumber dari segala kebaikan yang patut dipuji.

3) *Rabb* (Tuhan) berarti: Tuhan yang dita'ati Yang Memiliki, Mendidik dan Memelihara. Lafazh "rabb" tidak dapat dipakai selain untuk Tuhan kecuali kalau ada sambungannya, seperti *rabbulbait* (tuan rumah).
   'Aalamiin (semesta alam): semua yang diciptakan Tuhan yang terdiri dari berbagai-bagai jenis dan macam, seperti: alam manusia, alam hewan, alam tumbuh-tumbuhan, benda-benda mati dan sebagainya. Allah Pencipta semua alam-alam itu.

4) *Maalik* (Yang menguasai), dengan memanjangkan "mim" ia berarti: pemilik (yang empunya). Dapat pula dibaca dengan *Malik* (dengan memendekkan "mim") berarti raja.

5) *Yaumiddin* (hari pembalasan): hari yang di waktu itu masing-masing manusia menerima pembalasan amalannya yang baik maupun yang buruk. Yaumiddin disebut juga *yaumulqiyaamah, yaumulhisaab, yaumuljazaa'* dan sebagainya.

5. Hanya kepada Engkaulah kami menyembah⁶) dan hanya kepada Engkaulah kami mohon pertolongan⁷)

إِيَّاكَ نَعْبُدُ وَإِيَّاكَ نَسْتَعِينُ ۝

6. Tunjukilah⁸) kami jalan yang lurus,

اهْدِنَا الصِّرَاطَ الْمُسْتَقِيمَ ۝

7. (yaitu) jalan orang-orang yang telah Engkau anugerahkan ni'mat kepada mereka; bukan (jalan) mereka yang dimurkai, dan bukan (pula jalan) mereka yang sesat⁹).

صِرَاطَ الَّذِينَ أَنْعَمْتَ عَلَيْهِمْ غَيْرِ الْمَغْضُوبِ عَلَيْهِمْ وَلَا الضَّالِّينَ ۝

PENUTUP

Surat "Al Faatihah" ini melengkapi unsur-unsur pokok Syari'at Islam, kemudian dijelaskan perinciannya oleh ayat-ayat Al Qur'an yang 113 surat berikutnya.

Persesuaian surat ini dengan surat "Al Baqarah" dan surat-surat sesudahnya ialah surat Al Faatihah merupakan titik-titik pembahasan yang akan diperinci dalam surat Al Baqarah dan surat-surat yang sesudahnya.

Di bahagian akhir surat "Al Faatihah" disebutkan permohonan hamba supaya diberi petunjuk oleh Tuhan ke jalan yang lurus, sedang surat "Al Baqarah" dimulai dengan penunjukan "Al Kitab" (Al Qur'an) yang sempurna sebagai pedoman menuju jalan yang dimaksudkan itu.

---

6). *Na'budu* diambil dari kata *'Ibaadat*, kepatuhan dan ketundukan yang ditimbulkan oleh perasaan tentang kebesaran Allah, sebagai Tuhan yang disembah, karena berkeyakinan bahwa Allah mempunyai kekuasaan yang mutlak terhadapnya.

7). *Nasta'iin* (minta pertolongan), diambil dari kata *isti'aanah*: mengharapkan bantuan untuk dapat menyelesaikan suatu pekerjaan yang tidak sanggup diselesaikan dengan tenaga sendiri.

8). *Ihdina* (tunjukilah kami), diambil dari kata *hidayat*: memberi petunjuk ke suatu jalan yang benar. Yang dimaksud dengan ayat ini bukan sekedar memberi hidayah saja, tetapi juga memberi taufik.

9). Yang dimaksud dengan *mereka yang dimurkai* dan *mereka yang sesat* ialah semua golongan yang menyimpang dari ajaran Islam.

AL BAQARAH
(Sapi betina)

MUQADDIMAH

Surat "Al Baqarah" yang terdiri dari 286 ayat ini turun di Madinah yang sebahagian besar diturunkan pada permulaan tahun Hijrah, kecuali ayat 281 diturunkan di Mina pada Hajji wadaa' (hajji Nabi Muhammad s.a.w. yang terakhir). Seluruh ayat dari surat Al Baqarah termasuk golongan Madaniyyah, merupakan surat yang terpanjang di antara surat-surat Al Qur'an yang di dalamnya terdapat pula ayat yang terpanjang (ayat 282).

Surat ini dinamai "Al Baqarah" karena di dalamnya disebutkan kisah penyembelihan sapi betina yang diperintahkan Allah kepada Bani Israil (ayat 67 sampai dengan 74), di mana dijelaskan watak orang Yahudi pada umumnya. Dinamai "Fusthaathul-Qur'an" (puncak Al Qur'aan) karena memuat beberapa hukum yang tidak disebutkan dalam surat yang lain. Dinamai juga surat "alif-laam-miim" karena surat ini dimulai dengan Alif-laam-miim.

Pokok-pokok isinya:

1. *Keimanan:*
   Da'wah Islamiyah yang dihadapkan kepada umat Islam, ahli kitab dan para musyrikin.

2. *Hukum-hukum:*
   Perintah mengerjakan shalat; menunaikan zakat; hukum puasa; hukum haji dan umrah; hukum qishash; hal-hal yang halal dan yang haram; bernafkah di jalan Allah; hukum arak dan judi; cara menyantuni anak yatim, larangan riba; hutang piutang; nafkah dan yang berhak menerimanya; wasiyat kepada dua orang ibubapa dan kaum kerabat; hukum sumpah; kewajiban menyampaikan amanat; sihir; hukum merusak mesjid; hukum merubah kitab-kitab Allah; hukum haidh, 'iddah, thalak, khulu', iilaa' dan hukum susuan; hukum melamar, mahar, larangan mengawini wanita musyrik dan sebaliknya; hukum perang.

3. *Kisah-kisah:*
   Kisah penciptaan Nabi Adam a.s.; kisah Nabi Ibrahim a.s.; kisah Nabi Musa a.s. dengan Bani Israil.

4. *Dan lain-lain:*
   Sifat-sifat orang yang bertakwa; sifat-sifat orang munafik; sifat-sifat Allah; perumpamaan-perumpamaan; kiblat, kebangkitan sesudah mati.

AL BAQARAH (SAPI BETINA)
SURAT KE 2 : 286 ayat.

Dengan menyebut nama Allah Yang Maha Pemurah lagi Maha Penyayang.

TIGA GOLONGAN MANUSIA DALAM MENGHADAPI AL QUR'AN.

Golongan Mu'min

1. Alif laam miim[10]).
2. Kitab[11]) (Al Qur'an) ini tidak ada keraguan padanya; petunjuk bagi mereka yang bertakwa[12]).
3. (yaitu) mereka yang beriman[13]) kepada yang ghaib[14]), yang mendirikan shalat[15]) dan menafkahkan sebahagian rezki[16]) yang Kami anugerahkan kepada mereka.

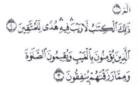

---

10). Ialah huruf-huruf abjad yang terletak pada permulaan sebahagian dari surat-surat Al Qur'an seperti: Alif laam miim, alif laam raa, alif laam miim shaad dan sebagainya.
   Di antara ahli-ahli tafsir ada yang menyerahkan pengertiannya kepada Allah karena dipandang termasuk ayat-ayat mutasyaabihaat, dan ada pula yang menafsirkannya. Golongan yang menafsirkannya ada yang memandangnya sebagai nama surat, dan ada pula yang berpendapat bahwa huruf-huruf abjad itu gunanya untuk menarik perhatian para pendengar supaya memperhatikan Al Qur'an itu, dan untuk mengisyaratkan bahwa Al Qur'an itu diturunkan dalam bahasa Arab yang tersusun dari huruf-huruf abjad. Kalau mereka tidak percaya bahwa Al Qur'an diturunkan dari Allah dan hanya buatan Muhammad s.a.w. semata-mata, maka cobalah mereka buat semacam Al Qur'an itu.
11). Tuhan menamakan Al Qur'an dengan Al Kitab yang di sini berarti "yang ditulis", sebagai isyarat bahwa Al Qur'an diperintahkan untuk ditulis.
12). *Takwa* yaitu memelihara diri dari siksaan Allah dengan mengikuti segala perintah-Nya; dan menjauhi segala larangan-Nya; tidak cukup diartikan dengan takut saja.
13). *Iman* ialah kepercayaan yang teguh yang disertai dengan ketundukan dan penyerahan jiwa. Tanda-tanda adanya iman ialah mengerjakan apa yang dikehendaki oleh iman itu.
14). *Yang ghaib* ialah yang tak dapat ditangkap oleh pancaindera. Percaya kepada yang ghaib yaitu, meng-i'tikadkan adanya sesuatu "yang maujud" yang tidak dapat ditangkap oleh pancaindera, karena ada dalil yang menunjukkan kepada adanya, seperti: adanya Allah, Malaikat-malaikat, Hari akhirat dan sebagainya.
15). *Shalat* menurut bahasa 'Arab: do'a. Menurut istilah syara' ialah ibadat yang sudah dikenal, yang dimulai dengan takbir dan disudahi dengan salam, yang dikerjakan untuk membuktikan pengabdian dan kerendahan diri kepada Allah. Mendirikan shalat ialah menunaikannya dengan teratur, dengan melengkapi syarat-syarat, rukun-rukun dan adab-adabnya, baik yang lahir ataupun yang batin, seperti khusyu', memperhatikan apa yang dibaca dan sebagainya.
16). *Rezki* segala yang dapat diambil manfa'atnya. Menafkahkan sebahagian rezki, ialah memberikan sebahagian dari harta yang telah direzkikan oleh Tuhan kepada orang-orang yang disyari'atkan oleh agama memberinya, seperti orang-orang fakir, orang-orang miskin, kaum kerabat, anak-anak yatim dan lain-lain.

4. dan mereka yang beriman kepada Kitab (Al Qur'an) yang telah diturunkan kepadamu dan Kitab-kitab yang telah diturunkan sebelummu 17), serta mereka yakin akan adanya (kehidupan) akhirat [18].

وَالَّذِينَ يُؤْمِنُونَ بِمَا أُنزِلَ إِلَيْكَ وَمَا أُنزِلَ مِن قَبْلِكَ وَبِالْآخِرَةِ هُمْ يُوقِنُونَ ۝

5. Mereka itulah yang tetap mendapat petunjuk dari Tuhan mereka, dan merekalah orang-orang yang beruntung[19].

أُوْلَٰٓئِكَ عَلَىٰ هُدًى مِّن رَّبِّهِمْ وَأُوْلَٰٓئِكَ هُمُ الْمُفْلِحُونَ ۝

Golongan Kafir.

6. Sesungguhnya orang-orang kafir, sama saja bagi mereka, kamu beri peringatan atau tidak kamu beri peringatan, mereka tidak akan beriman.

إِنَّ الَّذِينَ كَفَرُوا سَوَاءٌ عَلَيْهِمْ ءَأَنذَرْتَهُمْ أَمْ لَمْ تُنذِرْهُمْ لَا يُؤْمِنُونَ ۝

7. Allah telah mengunci-mati hati dan pendengaran mereka [20], dan penglihatan mereka ditutup [21]. Dan bagi mereka siksa yang amat berat.

خَتَمَ اللَّهُ عَلَىٰ قُلُوبِهِمْ وَعَلَىٰ سَمْعِهِمْ وَعَلَىٰ أَبْصَارِهِمْ غِشَاوَةٌ وَلَهُمْ عَذَابٌ عَظِيمٌ ۝

Golongan munafik.

8. Di antara manusia ada yang mengatakan: "Kami beriman kepada Allah dan Hari kemudian"[22], pada hal mereka itu sesungguhnya bukan orang-orang yang beriman.

وَمِنَ النَّاسِ مَن يَقُولُ ءَامَنَّا بِاللَّهِ وَبِالْيَوْمِ الْآخِرِ وَمَا هُم بِمُؤْمِنِينَ ۝

---

17). *Kitab-kitab yang telah diturunkan sebelum Muhammad r.a.w.*, ialah kitab-kitab yang diturunkan sebelum Al Qur'an seperti Taurat, Zabur, Injil dan Shuhuf-shuhuf yang tersebut dalam Al Qur'an yang diturunkan kepada para Rasul, Allah menurunkan Kitab kepada Rasul ialah dengan memberikan wahyu kepada Jibril a.s lalu Jibril menyampaikannya kepada Rasul.

18). *Yakin* ialah kepercayaan yang kuat dengan tidak dicampuri keraguan sedikitpun. *Akhirat* lawan dunia. *Kehidupan akhirat* ialah kehidupan sesudah dunia berakhir. *Yakin akan adanya kehidupan akhirat* ialah benar-benar percaya akan adanya kehidupan sesudah dunia berakhir.

19). Ialah orang-orang yang mendapat apa-apa yang dimohonkannya kepada Allah sesudah mengusahakannya.

20). Yakni orang itu tidak dapat menerima petunjuk, dan segala macam nasehatpun tidak akan berbekas padanya.

21). Maksudnya: mereka tidak dapat memperhatikan dan memahami ayat-ayat Al Qur'an yang mereka dengar dan tidak dapat mengambil pelajaran dari tanda-tanda kebesaran Allah yang mereka lihat di cakrawala, di permukaan bumi dan pada diri mereka sendiri.

22). Hari kemudian ialah: mulai dari waktu makhluk dikumpulkan di padang mahsyar sampai waktu yang tak ada batasnya.

9. Mereka hendak menipu Allah dan orang-orang yang beriman, pada hal mereka hanya menipu dirinya sendiri sedang mereka tidak sadar.

بُخَٰدِعُونَ ٱللَّهَ وَٱلَّذِينَ ءَامَنُواْ وَمَا يَخۡدَعُونَ إِلَّآ أَنفُسَهُمۡ وَمَا يَشۡعُرُونَ ۝

10. Dalam hati mereka ada penyakit [23]), lalu ditambah Allah penyakitnya; dan bagi mereka siksa yang pedih, disebabkan mereka berdusta.

فِى قُلُوبِهِم مَّرَضٌ فَزَادَهُمُ ٱللَّهُ مَرَضًا وَلَهُمۡ عَذَابٌ أَلِيمٌۢ بِمَا كَانُواْ يَكۡذِبُونَ ۝

11. Dan bila dikatakan kepada mereka: Janganlah kamu membuat kerusakan di muka bumi[24]), mereka menjawab: "Sesungguhnya kami orang-orang yang mengadakan perbaikan."

وَإِذَا قِيلَ لَهُمۡ لَا تُفۡسِدُواْ فِى ٱلۡأَرۡضِ قَالُوٓاْ إِنَّمَا نَحۡنُ مُصۡلِحُونَ ۝

12. Ingatlah, sesungguhnya mereka itulah orang-orang yang membuat kerusakan, tetapi mereka tidak sadar.

أَلَآ إِنَّهُمۡ هُمُ ٱلۡمُفۡسِدُونَ وَلَٰكِن لَّا يَشۡعُرُونَ ۝

13. Apabila dikatakan kepada mereka: "Berimanlah kamu sebagaimana orang-orang lain telah beriman", mereka menjawab: "Akan berimankah kami sebagaimana orang-orang yang bodoh itu telah beriman?" Ingatlah, sesungguhnya merekalah orang-orang yang bodoh, tetapi mereka tidak tahu.

وَإِذَا قِيلَ لَهُمۡ ءَامِنُواْ كَمَآ ءَامَنَ ٱلنَّاسُ قَالُوٓاْ أَنُؤۡمِنُ كَمَآ ءَامَنَ ٱلسُّفَهَآءُۗ أَلَآ إِنَّهُمۡ هُمُ ٱلسُّفَهَآءُ وَلَٰكِن لَّا يَعۡلَمُونَ ۝

14. Dan bila mereka berjumpa dengan orang-orang yang beriman, mereka mengatakan: "Kami telah beriman". Dan bila mereka kembali kepada syaitan-syaitan mereka[25]), mereka mengatakan: "Sesungguhnya kami sependirian dengan kamu, kami hanyalah berolok-olok".

وَإِذَا لَقُواْ ٱلَّذِينَ ءَامَنُواْ قَالُوٓاْ ءَامَنَّا وَإِذَا خَلَوۡاْ إِلَىٰ شَيَٰطِينِهِمۡ قَالُوٓاْ إِنَّا مَعَكُمۡ إِنَّمَا نَحۡنُ مُسۡتَهۡزِءُونَ ۝

15. Allah akan (membalas) olok-olokan mereka dan membiarkan mereka terombang-ambing dalam kesesatan mereka.

ٱللَّهُ يَسۡتَهۡزِئُ بِهِمۡ وَيَمُدُّهُمۡ فِى طُغۡيَٰنِهِمۡ يَعۡمَهُونَ ۝

16. Mereka itulah orang yang membeli kesesatan dengan petunjuk, maka tidaklah beruntung perniagaan mereka dan tidaklah mereka mendapat petunjuk.

أُوْلَٰٓئِكَ ٱلَّذِينَ ٱشۡتَرَوُاْ ٱلضَّلَٰلَةَ بِٱلۡهُدَىٰ فَمَا رَبِحَت تِّجَٰرَتُهُمۡ وَمَا كَانُواْ مُهۡتَدِينَ ۝

---

23). Ya'ni keyakinan mereka terhadap kebenaran Nabi Muhammad s.a.w. lemah. Kelemahan keyakinan itu, menimbulkan kedengkian, iri-hati dan dendam terhadap Nabi s.a.w. agama dan orang-orang Islam.

24). Kerusakan yang mereka perbuat di muka bumi bukan berarti kerusakan benda, melainkan menghasut orang-orang kafir untuk memusuhi dan menentang orang-orang Islam.

25). Maksudnya: pemimpin-pemimpin mereka.

17. Perumpamaan mereka adalah seperti orang yang menyalakan api[26], maka setelah api itu menerangi sekelilingnya Allah hilangkan cahaya (yang menyinari) mereka, dan membiarkan mereka dalam kegelapan, tidak dapat melihat.

مَثَلُهُمْ كَمَثَلِ ٱلَّذِي ٱسْتَوْقَدَ نَارًا فَلَمَّآ أَضَآءَتْ مَا حَوْلَهُۥ ذَهَبَ ٱللَّهُ بِنُورِهِمْ وَتَرَكَهُمْ فِي ظُلُمَٰتٍ لَّا يُبْصِرُونَ ۝

18. Mereka tuli, bisu dan buta[27], maka tidaklah mereka akan kembali (ke jalan yang benar).

صُمٌّۢ بُكْمٌ عُمْيٌ فَهُمْ لَا يَرْجِعُونَ ۝

19. atau seperti (orang-orang yang ditimpa) hujan lebat dari langit disertai gelap gulita, guruh dan kilat; mereka menyumbat telinganya dengan anak jarinya, karena (mendengar suara) petir, sebab takut akan mati[28]. Dan Allah meliputi orang-orang yang kafir[29].

أَوْ كَصَيِّبٍ مِّنَ ٱلسَّمَآءِ فِيهِ ظُلُمَٰتٌ وَرَعْدٌ وَبَرْقٌ يَجْعَلُونَ أَصَٰبِعَهُمْ فِىٓ ءَاذَانِهِم مِّنَ ٱلصَّوَٰعِقِ حَذَرَ ٱلْمَوْتِ وَٱللَّهُ مُحِيطٌۢ بِٱلْكَٰفِرِينَ ۝

20. Hampir-hampir kilat itu menyambar penglihatan mereka. Setiap kali kilat itu menyinari mereka, mereka berjalan di bawah sinar itu, dan bila gelap menimpa mereka, mereka berhenti. Jikalau Allah menghendaki, niscaya Dia melenyapkan pendengaran dan penglihatan mereka. Sesungguhnya Allah berkuasa atas segala sesuatu.

يَكَادُ ٱلْبَرْقُ يَخْطَفُ أَبْصَٰرَهُمْ كُلَّمَآ أَضَآءَ لَهُم مَّشَوْا۟ فِيهِ وَإِذَآ أَظْلَمَ عَلَيْهِمْ قَامُوا۟ وَلَوْ شَآءَ ٱللَّهُ لَذَهَبَ بِسَمْعِهِمْ وَأَبْصَٰرِهِمْ إِنَّ ٱللَّهَ عَلَىٰ كُلِّ شَىْءٍ قَدِيرٌ ۝

KEESAAN DAN KEKUASAAN TUHAN

Perintah menyembah Tuhan Yang Maha Esa.

21. Hai manusia, sembahlah Tuhanmu Yang telah menciptakanmu dan orang-orang yang sebelummu, agar kamu bertakwa.

يَٰٓأَيُّهَا ٱلنَّاسُ ٱعْبُدُوا۟ رَبَّكُمُ ٱلَّذِى خَلَقَكُمْ وَٱلَّذِينَ مِن قَبْلِكُمْ لَعَلَّكُمْ تَتَّقُونَ ۝

22. Dialah Yang menjadikan bumi sebagai hamparan bagimu dan langit sebagai atap, dan Dia menurunkan air (hujan) dari langit, lalu Dia menghasilkan dengan hujan itu segala buah-buahan sebagai rezki untukmu; karena itu janganlah kamu

ٱلَّذِى جَعَلَ لَكُمُ ٱلْأَرْضَ فِرَٰشًا وَٱلسَّمَآءَ بِنَآءً وَأَنزَلَ مِنَ ٱلسَّمَآءِ مَآءً فَأَخْرَجَ بِهِۦ مِنَ ٱلثَّمَرَٰتِ رِزْقًا لَّكُمْ فَلَا تَجْعَلُوا۟ لِلَّهِ أَندَادًا

---

26). Orang-orang munafik itu – tidak dapat mengambil manfa'at dari petunjuk-petunjuk yang datang dari Allah, karena sifat-sifat kemunafikan yang bersemi dalam dada mereka. Keadaan mereka digambarkan Allah seperti dalam ayat tersebut di atas.

27). Walaupun pancaindera mereka sehat mereka dipandang tuli, bisu, dan buta oleh karena tidak dapat menerima kebenaran.

28). Keadaan orang-orang munafik itu, ketika mendengar ayat-ayat yang mengandung peringatan, adalah seperti orang yang ditimpa hujan lebat dan petir. Mereka menyumbat telinganya karena tidak sanggup mendengar peringatan-peringatan Al Qur'an itu.

29). Maksudnya pengetahuan dan kekuasaan Allah meliputi orang-orang kafir.

mengadakan sekutu-sekutu bagi Allah[30]), padahal kamu mengetahui.

Tantangan kepada kaum musyrikin mengenai Al Qur'an

23. Dan jika kamu (tetap) dalam keraguan tentang Al Qur'an yang Kami wahyukan kepada hamba Kami (Muhammad), buatlah[31]) satu surat (saja) yang semisal Al Qur'an itu dan ajaklah penolong-penolongmu selain Allah, jika kamu orang-orang yang benar.

24. Maka jika kamu tidak dapat membuat(nya) dan pasti kamu tidak akan dapat membuat(nya), peliharalah dirimu dari neraka yang bahan bakarnya manusia dan batu, yang disediakan bagi orang-orang kafir.

Balasan terhadap orang-orang yang beriman

25. Dan sampaikanlah berita gembira kepada mereka yang beriman dan berbuat baik, bahwa bagi mereka disediakan surga-surga yang mengalir sungai-sungai di dalamnya. Setiap mereka diberi rezki buah-buahan dalam surga-surga itu, mereka mengatakan: "Inilah yang pernah diberikan kepada kami dahulu". Mereka diberi buah-buahan yang serupa dan untuk mereka di dalamnya ada isteri-isteri yang suci dan mereka kekal di dalamnya[32])

Perumpamaan-perumpamaan dalam Al Qur'an dan hikmah-hikmahnya

26. **Sesungguhnya Allah** tiada segan membuat perumpamaan berupa nyamuk atau yang lebih rendah dari itu[33]) Adapun orang-orang yang beriman, maka mereka yakin bahwa perumpamaan itu benar dari

---

30). Ialah segala sesuatu yang disembah di samping menyembah Allah seperti berhala-berhala, dewa-dewa dan sebagainya.
31). Ayat ini merupakan tantangan bagi mereka yang meragukan kebenaran Al Qur'an itu tidak dapat ditiru walaupun dengan mengerahkan semua ahli sastera dan bahasa karena ia merupakan mu'jizat Nabi Muhammad s.a.w.
32). Kenikmatan di surga itu adalah kenikmatan yang serba lengkap, baik jasmani, maupun rohani.
33). Di waktu turunnya ayat 73 surat 22 Al Hajj yang di dalamnya Tuhan menerangkan bahwa berhala-berhala yang mereka sembah itu tidak dapat membuat lalat, sekalipun mereka kerjakan bersama-sama, dan turunnya ayat 41 surat Al 'Ankabuut yang di dalamnya Tuhan menggambarkan kelemahan berhala-berhala yang dijadikan oleh orang-orang musyrik itu sebagai pelindung sama dengan lemahnya sarang laba-laba.

Tuhan mereka, tetapi mereka yang kafir mengatakan: "Apakah maksud Allah menjadikan ini untuk perumpamaan?". Dengan perumpamaan itu banyak orang yang disesatkan Allah³⁴), dan dengan perumpamaan itu (pula) banyak orang yang diberi-Nya petunjuk. Dan tidak ada yang disesatkan Allah kecuali orang-orang yang fasik,

27. (yaitu) orang-orang yang melanggar perjanjian Allah sesudah perjanjian itu teguh, dan memutuskan apa yang diperintahkan Allah (kepada mereka) untuk menghubungkannya dan membuat kerusakan di muka bumi. Mereka itulah orang-orang yang rugi.

Bukti-bukti kekuasaan Tuhan.

28. Mengapa kamu kafir kepada Allah, padahal kamu tadinya mati, lalu Allah menghidupkan kamu, kemudian kamu dimatikan dan dihidupkan-Nya kembali, kemudian kepada-Nya-lah kamu dikembalikan?

29. Dia-lah Allah, yang menjadikan segala yang ada di bumi untuk kamu dan Dia berkehendak menuju langit, lalu dijadikan-Nya tujuh langit. Dan Dia Maha Mengetahui segala sesuatu.

Penciptaan manusia dan penguasaannya di bumi.

30. Ingatlah ketika Tuhanmu berfirman kepada para Malaikat: "Sesungguhnya Aku hendak menjadikan seorang khalifah di muka bumi". Mereka berkata: "Mengapa Engkau hendak menjadikan (khalifah) di bumi itu orang yang akan membuat kerusakan padanya dan menumpahkan darah, padahal kami senantiasa bertasbih dengan memuji Engkau dan mensucikan Engkau?" Tuhan berfirman: "Sesungguhnya Aku mengetahui apa yang tidak kamu ketahui".

---

34). Disesatkan Allah berarti; bahwa orang itu sesat berhubung keingkarannya dan tidak mau memahami petunjuk-petunjuk Allah. Dalam ayat ini, karena mereka itu ingkar dan tidak mau memahami apa sebabnya Allah menjadikan nyamuk sebagai perumpamaan, maka mereka itu menjadi sesat.

31. Dan Dia mengajarkan kepada Adam nama-nama (benda-benda) seluruhnya, kemudian mengemukakannya kepada para Malaikat lalu berfirman: "Sebutkanlah kepada-Ku nama benda-benda itu jika kamu memang orang-orang yang benar!"

32. Mereka menjawab: "Maha Suci Engkau, tidak ada yang kami ketahui selain dari apa yang telah Engkau ajarkan kepada kami; sesungguhnya Engkaulah Yang Maha Mengetahui lagi Maha Bijaksana[35]).

33. Allah berfirman: "Hai Adam, beritahukanlah kepada mereka nama-nama benda ini". Maka setelah diberitahukannya kepada mereka nama-nama benda itu, Allah berfirman: "Bukankah sudah Ku katakan kepadamu, bahwa sesungguhnya Aku mengetahui rahasia langit dan bumi dan mengetahui apa yang kamu lahirkan dan apa yang kamu sembunyikan?"

34. Dan (ingatlah) ketika Kami berfirman kepada para malaikat: "Sujudlah[36]) kamu kepada Adam," maka sujudlah mereka kecuali Iblis; ia enggan dan takabur dan adalah ia termasuk golongan orang-orang yang kafir.

35. Dan Kami berfirman: "Hai Adam, diamilah oleh kamu dan isterimu surga ini, dan makanlah makanan-makanannya yang banyak lagi baik di mana saja yang kamu sukai, dan janganlah kamu dekati pohon ini[37]), yang menyebabkan kamu termasuk orang-orang yang zalim.

36. Lalu keduanya digelincirkan oleh syaitan dari surga itu[38]) dan dikeluarkan dari

---

[35]). Sebenarnya terjemahan "Hakim" dengan "Maha Bijaksana" kurang tepat, karena arti "Hakim" ialah: yang mempunyai hikmah. Hikmah ialah penciptaan dan penggunaan sesuatu sesuai dengan sifat, guna dan faedahnya. Di sini diartikan dengan "Maha Bijaksana" karena dianggap arti tersebut hampir mendekati arti "Hakim".

[36]). Sujud di sini berarti menghormati dan memuliakan Adam, bukanlah berarti sujud memperhambakan diri, karena sujud memperhambakan diri itu hanyalah semata-mata kepada Allah.

[37]). Pohon yang dilarang Allah mendekatinya tidak dapat dipastikan, sebab Al Qur'an dan Hadist tidak menerangkannya. Ada yang menamakan pohon khuldi sebagaimana tersebut dalam surat Thaha ayat 120, tapi itu adalah nama yang diberikan syaitan.

[38]). Adam dan Hawa dengan tipu daya syaitan memakan buah pohon yang dilarang itu, yang mengakibatkan keduanya ke luar dari surga, dan Allah menyuruh mereka turun ke dunia. Yang dimaksud dengan syaitan di sini ialah iblis yang disebut dalam ayat 34 surat Al Baqarah di atas.

keadaan semula[39]) dan Kami berfirman: "Turunlah kamu! sebahagian kamu menjadi musuh bagi yang lain, dan bagi kamu ada tempat kediaman di bumi, dan kesenangan hidup sampai waktu yang ditentukan".

37. Kemudian Adam menerima beberapa kalimat[40]) dari Tuhannya, maka Allah menerima taubatnya. Sesungguhnya Allah Maha Penerima taubat lagi Maha Penyayang.

38. Kami berfirman: "Turunlah kamu semua dari surga itu! Kemudian jika datang petunjuk-Ku kepadamu, maka barangsiapa yang mengikuti petunjuk-Ku, niscaya tidak ada kekhawatiran atas mereka, dan tidak (pula) mereka bersedih hati".

39. Adapun orang-orang yang kafir dan mendustakan ayat-ayat Kami, mereka itu penghuni neraka; mereka kekal di dalamnya.

PERINGATAN TUHAN KEPADA BANI ISRAIL.

Beberapa perintah dan larangan Tuhan kepada Bani Israil.

40. Hai Bani Israil[41]), ingatlah akan ni'mat-Ku yang telah Aku anugerahkan kepadamu, dan penuhilah janjimu kepada-Ku[42]), niscaya Aku penuhi janji-Ku kepadamu; dan hanya kepada-Ku-lah kamu harus takut (tunduk).

41. Dan berimanlah kamu kepada apa yang telah Aku turunkan (Al Qur'an) yang membenarkan apa yang ada padamu (Taurat), dan janganlah kamu menjadi orang yang pertama kafir kepadanya, dan

---

39). Maksud keadaan semula ialah keni'matan, kemewahan dan kemuliaan hidup dalam surga.
40). Tentang beberapa kalimat (ajaran-ajaran) dari Tuhan yang diterima oleh Adam sebahagian ahli Tafsir mengartikannya dengan kata-kata untuk bertaubat.
41). Israil adalah sebutan bagi Nabi Ya'qub. Bani Israil adalah turunan Nabi Ya'qub, sekarang terkenal dengan bangsa Yahudi.
42). Janji Bani Israil kepada Tuhan ialah: bahwa mereka akan menyembah Allah dan tidak mempersekutukan-Nya dengan sesuatu apapun, serta beriman kepada rasul-rasul-Nya di antaranya Nabi Muhammad s.a.w. sebagaimana yang tersebut di dalam Taurat.

jangaпlah kamu menukarkan ayat-ayat-Ku dengan harga yang rendah, dan hanya kepada Akulah kamu harus bertakwa.

42. Dan janganlah kamu campur adukkan yang hak dengan yang bathil dan janganlah kamu sembunyikan yang hak itu[43]), sedang kamu mengetahui.

43. Dan dirikanlah shalat, tunaikanlah zakat dan ruku'lah beserta orang-orang yang ruku[44]).

44. Mengapa kamu suruh orang lain (mengerjakan) kebajikan, sedang kamu melupakan diri (kewajiban)mu sendiri, padahal kamu membaca Al Kitab (Taurat)? Maka tidakkah kamu berpikir?

45. Dan mintalah pertolongan (kepada Allah) dengan sabar dan shalat. Dan sesungguhnya yang demikian itu sungguh berat, kecuali bagi orang-orang yang khusyu',

46. (yaitu) orang-orang yang meyakini, bahwa mereka akan menemui Tuhannya, dan bahwa mereka akan kembali kepada-Nya.

47. Hai Bani Israil, ingatlah akan ni'mat-Ku yang telah Aku anugerahkan kepadamu dan (ingatlah pula) bahwasanya Aku telah melebihkan kamu atas segala umat[45]).

48. Dan jagalah dirimu dari ('azab) hari (kiamat, yang pada hari itu) seseorang tidak dapat membela orang lain, walau sedikitpun; dan (begitu pula) tidak diterima syafa'at[46]) dan tebusan dari padanya, dan tidaklah mereka akan ditolong.

---

43). Di antara yang mereka sembunyikan itu ialah: Tuhan akan mengutus seseorang Nabi dari keturunan Ismail yang akan membangun umat yang besar di belakang hari, yaitu Nabi Muhammad s.a.w.

44). Yang dimaksud ialah: shalat berjama'ah dan dapat pula diartikan: tunduklah kepada perintah-perintah Allah bersama-sama orang-orang yang tunduk.

45). Bani Israil yang telah diberi rahmat oleh Allah dan dilebihkannya dari segala ummat ialah nenek moyang mereka yang berada di masa Nabi Musa a.s.

46). Syafa'at: usaha perantaraan dalam memberikan sesuatu manfa'at bagi orang lain atau mengelakkan sesuatu mudharat bagi orang lain. Syafa'at yang tidak diterima di sisi Allah adalah syafa'at bagi orang-orang kafir.

2. AL BAQARAH (SAPI BETINA)

Perincian ni'mat Tuhan kepada Bani Israil

49. Dan (ingatlah) ketika Kami selamatkan kamu dari (Fir'aun) dan pengikut-pengikutnya; mereka menimpakan kepadamu siksaan yang seberat-beratnya, mereka menyembelih anak-anakmu yang laki-laki dan membiarkan hidup anak-anakmu yang perempuan. Dan pada yang demikian itu terdapat cobaan-cobaan yang besar dari Tuhanmu.

50. Dan (ingatlah), ketika Kami belah laut untukmu, lalu Kami selamatkan kamu dan Kami tenggelamkan (Fir'aun) dan pengikut-pengikutnya sedang kamu sendiri menyaksikan[47].

51. Dan (ingatlah), ketika Kami berjanji kepada Musa (memberikan Taurat, sesudah) empat puluh malam, lalu kamu menjadikan anak lembu[48] (sembahanmu) sepeninggalnya dan kamu adalah orang-orang yang zalim.

52. Kemudian sesudah itu Kami ma'afkan kesalahanmu, agar kamu bersyukur.

53. Dan (ingatlah), ketika Kami berikan kepada Musa Al Kitab (Taurat) dan keterangan yang membedakan antara yang benar dan yang salah, agar kamu mendapat petunjuk.

54. Dan (ingatlah), ketika Musa berkata kepada kaumnya: "Hai kaumku, sesungguhnya kamu telah menganiaya dirimu sendiri karena kamu telah menjadikan anak lembu (sembahanmu), maka bertaubatlah kepada Tuhan yang menjadikan kamu dan bunuhlah dirimu[49]. Hal itu adalah lebih baik bagimu pada sisi

---

47). Waktu Nabi Musa a.s. membawa Bani Israil ke luar dari negeri Mesir menuju Palestina dan dikejar oleh Fir'aun, mereka harus melalui laut Merah sebelah utara. Maka Tuhan memerintahkan kepada Musa memukul laut itu dengan tongkatnya. Perintah itu dilaksanakan oleh Musa hingga belahlah laut itu dan terbentanglah jalan raya di tengah-tengahnya dan Musa melalui jalan itu sampai selamatlah ia dan kaumnya ke seberang. Sedang Fir'aun dan pengikut-pengikutnya melalui jalan itu pula, tetapi di waktu mereka berada di tengah-tengah laut, kembalilah laut itu sebagaimana biasa, lalu tenggelamlah mereka.

48). Anak lembu itu dibuat mereka dari emas untuk disembah.

49). "Membunuh dirimu" ada yang mengartikan: orang-orang yang tidak menyembah anak lembu itu membunuh orang yang menyembahnya. Ada pula yang mengartikan: orang yang menyembah patung anak lembu itu saling bunuh-membunuh, dan ada pula yang mengartikan: mereka disuruh membunuh diri mereka masing-masing untuk bertaubat.

Tuhan yang menjadikan kamu; maka Allah akan menerima taubatmu. Sesungguhnya Dialah Yang Maha Penerima taubat lagi Maha Penyayang."

إِنَّهُ هُوَ ٱلتَّوَّابُ ٱلرَّحِيمُ ۝

55. Dan (ingatlah), ketika kamu berkata: "Hai Musa, kami tidak akan beriman kepadamu sebelum kami melihat Allah dengan terang[50]", karena itu kamu disambar halilintar, sedang kamu menyaksikannya[51]).

وَإِذْ قُلْتُمْ يَٰمُوسَىٰ لَن نُّؤْمِنَ لَكَ حَتَّىٰ نَرَى ٱللَّهَ جَهْرَةً فَأَخَذَتْكُمُ ٱلصَّٰعِقَةُ وَأَنتُمْ تَنظُرُونَ ۝

56. Setelah itu Kami bangkitkan kamu sesudah kamu mati [52]), supaya kamu bersyukur.

ثُمَّ بَعَثْنَٰكُم مِّنۢ بَعْدِ مَوْتِكُمْ لَعَلَّكُمْ تَشْكُرُونَ ۝

57. Dan Kami naungi kamu dengan awan, dan Kami turunkan kepadamu "manna" dan "salwa"[53]). Makanlah dari makanan yang baik-baik yang telah Kami berikan kepadamu. Dan tidaklah mereka menganiaya Kami, akan tetapi merekalah yang menganiaya diri mereka sendiri.

وَظَلَّلْنَا عَلَيْكُمُ ٱلْغَمَامَ وَأَنزَلْنَا عَلَيْكُمُ ٱلْمَنَّ وَٱلسَّلْوَىٰ كُلُوا۟ مِن طَيِّبَٰتِ مَا رَزَقْنَٰكُمْ وَمَا ظَلَمُونَا وَلَٰكِن كَانُوٓا۟ أَنفُسَهُمْ يَظْلِمُونَ ۝

58. Dan (ingatlah), ketika Kami berfirman: "Masuklah kamu ke negeri ini (Baitul Maqdis), dan makanlah dari hasil buminya, yang banyak lagi enak di mana yang kamu sukai, dan masukilah pintu gerbangnya sambil bersujud[54]), dan katakanlah: "Bebaskanlah kami dari dosa", niscaya Kami ampuni kesalahan-kesalahanmu. Dan kelak Kami akan menambah (pemberian Kami) kepada orang-orang yang berbuat baik".

وَإِذْ قُلْنَا ٱدْخُلُوا۟ هَٰذِهِ ٱلْقَرْيَةَ فَكُلُوا۟ مِنْهَا حَيْثُ شِئْتُمْ رَغَدًا وَٱدْخُلُوا۟ ٱلْبَابَ سُجَّدًا وَقُولُوا۟ حِطَّةٌ نَّغْفِرْ لَكُمْ خَطَٰيَٰكُمْ وَسَنَزِيدُ ٱلْمُحْسِنِينَ ۝

59. Lalu orang-orang yang zalim mengganti perintah dengan (mengerjakan) yang tidak diperintahkan kepada mereka. Sebab itu Kami timpakan atas orang-orang yang zalim itu siksa dari langit, karena mereka berbuat fasik.

فَبَدَّلَ ٱلَّذِينَ ظَلَمُوا۟ قَوْلًا غَيْرَ ٱلَّذِى قِيلَ لَهُمْ فَأَنزَلْنَا عَلَى ٱلَّذِينَ ظَلَمُوا۟ رِجْزًا مِّنَ ٱلسَّمَآءِ بِمَا كَانُوا۟ يَفْسُقُونَ ۝

60. Dan (ingatlah) ketika Musa memohon air untuk kaumnya, lalu Kami berfirman: "Pukullah batu itu dengan tongkatmu".

وَإِذِ ٱسْتَسْقَىٰ مُوسَىٰ لِقَوْمِهِۦ فَقُلْنَا ٱضْرِب

---

50) Maksudnya: melihat Allah dengan mata kepala.
51). Karena permintaan yang semacam ini menunjukkan keingkaran dan ketakaburan mereka, sebab itu mereka disambar halilintar sebagai azab dari Tuhan.
52) Yang dimaksud dengan mati di sini menurut sebagian mufassirin ialah: mati yang sebenarnya, dan menurut sebagian yang lain ialah: pingsan akibat sambaran halilintar.
53). Salah satu ni'mat Tuhan kepada mereka ialah: mereka selalu dinaungi awan di waktu mereka berjalan di panas terik padang pasir.
Manna ialah: makanan manis sebagai madu.
Salwa ialah: burung sebangsa puyuh.
54) Maksudnya menurut sebagian ahli tafsir: menundukkan diri.

Lalu memancarlah daripadanya dua belas mata air. Sungguh tiap-tiap suku telah mengetahui tempat minumnya (masing-masing)⁵⁵). Makan dan minumlah rezki (yang diberikan) Allah, dan janganlah kamu berkeliaran di muka bumi dengan berbuat kerusakan.

Pembalasan terhadap sikap dan perbuatan Bani Israil.

61. Dan (ingatlah), ketika kamu berkata: "Hai Musa, kami tidak bisa sabar (tahan) dengan satu macam makanan saja. Sebab itu mohonkanlah untuk kami kepada Tuhanmu, agar Dia mengeluarkan bagi kami dari apa yang ditumbuhkan bumi, yaitu: sayur-mayurnya, ketimunnya, bawang putihnya, kacang adasnya dan bawang merahnya". Musa berkata: "Maukah kamu mengambil sesuatu yang rendah sebagai pengganti yang lebih baik? Pergilah kamu ke suatu kota, pasti kamu memperoleh apa yang kamu minta". Lalu ditimpakanlah kepada mereka nista dan kehinaan, serta mereka mendapat kemurkaan dari Allah. Hal itu (terjadi) karena mereka selalu mengingkari ayat-ayat Allah dan membunuh para nabi yang memang tidak dibenarkan. Demikian itu (terjadi) karena mereka selalu berbuat durhaka dan melampaui batas.

Pahala orang yang beriman.

62. Sesungguhnya orang-orang mu'min, orang-orang Yahudi, orang-orang Nasrani dan orang-orang Shabiin⁵⁶), siapa saja di antara mereka yang benar-benar beriman kepada Allah⁵⁷) hari kemudian dan beramal saleh⁵⁸) mereka akan menerima pahala dari Tuhan mereka, tidak ada kekhawatiran terhadap mereka, dan tidak (pula) mereka bersedih hati.

---

55). Ialah sebanyak suku Bani Israil sebagaimana tersebut dalam surat Al A'raaf ayat 160.
56). Shabiin ialah orang-orang yang mengikut syari'at Nabi-nabi zaman dahulu atau orang-orang yang menyembah bintang atau yang menyembah dewa-dewa.
57). Orang-orang mu'min begitu pula orang Yahudi, Nasrani dan Shabiin yang beriman kepada Allah termasuk beriman kepada Muhammad s.a.w., percaya kepada hari akhirat dan mengerjakan amalan yang saleh, mereka mendapat pahala dari Allah.
58). Ialah perbuatan yang baik yang diperintahkan oleh Agama Islam, baik yang berhubungan dengan ibadah atau tidak.

Pembalasan terhadap Bani Israil yang melanggar perjanjian dengan Tuhan.

63. Dan (ingatlah), ketika Kami mengambil janji dari kamu dan Kami angkatkan gunung (Thursina) di atasmu (seraya Kami berfirman): "Peganglah teguh-teguh apa yang Kami berikan kepadamu dan ingatlah selalu apa yang ada di dalamnya, agar kamu bertakwa".

64. Kemudian kamu berpaling setelah (adanya perjanjian) itu, maka kalau tidak ada karunia Allah dan rahmat-Nya atasmu, niscaya kamu tergolong orang-orang yang rugi.

65. Dan sesungguhnya telah kamu ketahui orang-orang yang melanggar di antaramu pada hari Sabtu[59]), lalu Kami berfirman kepada mereka: "Jadilah kamu kera[60]) yang hina".

66. Maka Kami jadikan yang demikian itu peringatan bagi orang-orang di masa itu, dan bagi mereka yang datang kemudian, serta menjadi pelajaran bagi orang-orang yang bertakwa.

Kisah penyembelihan sapi betina[61])

67. Dan (ingatlah), ketika Musa berkata kepada kaumnya: "Sesungguhnya Allah menyuruh kamu menyembelih seekor sapi betina". Mereka berkata: "Apakah kamu hendak menjadikan kami buah ejekan[62])?" Musa menjawab: "Aku berlindung kepada Allah agar tidak menjadi salah seorang dari orang-orang yang jahil".

---

59) Hari Sabtu ialah hari yang khusus untuk beribadat bagi orang-orang Yahudi.
60) Sebahagian ahli Tafsir memandang bahwa ini sebagai suatu perumpamaan, artinya hati mereka menyerupai hati kera, karena sama-sama tidak menerima nasehat dan peringatan. Pendapat Jumhur mufassir ialah mereka betul-betul berubah menjadi kera, hanya tidak beranak, tidak makan dan minum, dan hidup tidak lebih dari tiga hari.
61) Surat ini dinamai surat Al Baqarah (Sapi Betina) karena mengandung kisah penyembelihan sapi.
62) Hikmah Allah menyuruh menyembelih sapi ialah supaya hilang rasa penghormatan mereka kepada sapi yang pernah mereka sembah.

68. Mereka menjawab: "Mohonkanlah kepada Tuhanmu untuk kami, agar Dia menerangkan kepada kami, sapi betina apakah itu." Musa menjawab: "Sesungguhnya Allah berfirman bahwa sapi betina itu adalah sapi betina yang tidak tua dan tidak muda; pertengahan antara itu; maka kerjakanlah apa yang diperintahkan kepadamu".

69. Mereka berkata: "Mohonkanlah kepada Tuhanmu untuk kami agar Dia menerangkan kepada kami apa warnanya". Musa menjawab: "Sesungguhnya Allah berfirman bahwa sapi betina itu adalah sapi betina yang kuning, yang kuning tua warnanya, lagi menyenangkan orang-orang yang memandangnya."

70. Mereka berkata: "Mohonkanlah kepada Tuhanmu untuk kami agar Dia menerangkan kepada kami bagaimana hakikat sapi betina itu, karena sesungguhnya sapi itu (masih) samar bagi kami dan sesungguhnya kami insya Allah akan mendapat petunjuk (untuk memperoleh sapi itu)."

71. Musa berkata: "Sesungguhnya Allah berfirman bahwa sapi betina itu adalah sapi betina yang belum pernah dipakai untuk membajak tanah dan tidak pula untuk mengairi tanaman, tidak bercacat, tidak ada belangnya." Mereka berkata: "Sekarang barulah kamu menerangkan hakikat sapi betina yang sebenarnya". Kemudian mereka menyembelihnya dan hampir saja mereka tidak melaksanakan perintah itu[63]).

72. Dan (ingatlah), ketika kamu membunuh seorang manusia lalu kamu saling tuduh menuduh tentang itu. Dan Allah hendak menyingkapkan apa yang selama ini kamu sembunyikan.

---

63). Karena sapi yang menurut syarat yang disebutkan itu sukar diperoleh, hampir mereka tidak dapat menemukannya.

73. Lalu Kami berfirman: "Pukullah mayat itu dengan sebahagian anggota sapi betina itu!" Demikianlah Allah menghidupkan kembali orang-orang yang telah mati, dan memperlihatkan padamu tanda-tanda kekuasaan-Nya agar kamu mengerti[64])

74. Kemudian setelah itu hatimu menjadi keras seperti batu, bahkan lebih keras lagi. Padahal di antara batu-batu itu sungguh ada yang mengalir sungai-sungai daripadanya dan di antaranya sungguh ada yang terbelah lalu keluarlah mata air daripadanya dan di antaranya sungguh ada yang meluncur jatuh, karena takut kepada Allah. Dan Allah sekali-kali tidak lengah dari apa yang kamu kerjakan.

Keimanan orang Yahudi sukar diharapkan di masa Rasulullah s.a.w.

75. Apakah kamu masih mengharapkan mereka akan percaya kepadamu, padahal segolongan dari mereka mendengar firman Allah, lalu mereka mengubahnya setelah mereka memahaminya, sedang mereka mengetahui?[65])

76. Dan apabila mereka berjumpa dengan orang-orang yang beriman, mereka berkata: "Kamipun telah beriman," tetapi apabila mereka berada sesama mereka saja, lalu mereka berkata: "Apakah kamu menceritakan kepada mereka (orang-orang mu'min) apa yang telah diterangkan Allah kepadamu, supaya dengan demikian mereka dapat mengalahkan hujjahmu di hadapan Tuhanmu; tidakkah kamu mengerti?"[66])

---

64). Menurut jumhur mufassirin ayat ini ada hubungannya dengan peristiwa yang dilakukan oleh seorang dari Bani Israil.
Masing-masing mereka tuduh-menuduh tentang siapa yang melakukan pembunuhan itu. Setelah mereka membawa persoalan itu kepada Nabi Musa a.s., Allah menyuruh mereka menyembelih seekor sapi betina agar orang yang terbunuh itu dapat hidup kembali, dan menerangkan siapa yang membunuhnya setelah dipukul dengan sebahagian dari tubuh sapi itu.
65). Yang dimaksud ialah nenek moyang mereka yang menyimpan Taurat, lalu Taurat itu dirobah-robah mereka; di antaranya sifat-sifat Nabi Muhammad s.a.w. yang tersebut di dalam Taurat itu.
66). Sebagian Bani Israil yang mengaku beriman kepada Nabi Muhammad s.a.w. itu pernah bercerita kepada orang-orang Islam, bahwa dalam Taurat memang disebutkan tentang kedatangan Nabi Muhammad s.a.w. Maka golongan lain menegur mereka dengan mengatakan "Mengapa kamu ceritakan hal itu kepada orang-orang Islam sehingga hujah mereka bertambah kuat?"

77. Tidakkah mereka mengetahui bahwa Allah mengetahui segala yang mereka sembunyikan dan segala yang mereka nyatakan?

78. Dan di antara mereka ada yang buta huruf, tidak mengetahui Al Kitab (Taurat), kecuali dongengan bohong belaka dan mereka hanya menduga-duga[67]).

79. Maka kecelakaan yang besarlah bagi orang-orang yang menulis Al Kitab dengan tangan mereka sendiri, lalu dikatakannya: "Ini dari Allah", (dengan maksud) untuk memperoleh keuntungan yang sedikit dengan perbuatan itu. Maka kecelakaan besarlah bagi mereka, akibat dari apa yang ditulis oleh tangan mereka sendiri, dan kecelakaan besarlah bagi mereka, akibat dari apa yang mereka kerjakan.

80. Dan mereka berkata: "Kami sekali-kali tidak akan disentuh oleh api neraka, kecuali selama beberapa hari saja." Katakanlah: "Sudahkah kamu menerima janji dari Allah sehingga Allah tidak akan memungkiri janji-Nya ataukah kamu hanya mengatakan terhadap Allah apa yang tidak kamu ketahui?".

81. (Bukan demikian), yang benar, barangsiapa berbuat dosa dan ia telah diliputi oleh dosanya, mereka itulah penghuni neraka, mereka kekal di dalamnya.

82. Dan orang-orang yang beriman serta beramal saleh, mereka itu penghuni surga; mereka kekal di dalamnya.

Bani Israil mengingkari janjinya dengan Allah.

83. Dan (ingatlah), ketika Kami mengambil janji dari Bani Israil (yaitu): Janganlah kamu menyembah selain Allah, dan berbuat baiklah kepada ibu bapa, kaum kerabat, anak-anak yatim, dan orang-orang miskin, serta ucapkanlah kata-kata yang baik kepada manusia, dirikanlah shalat dan tunaikanlah zakat. Kemudian kamu tidak memenuhi janji itu, kecuali sebahagian kecil daripada kamu, dan kamu selalu berpaling.

---

[67]. Kebanyakan bangsa Yahudi itu buta huruf, dan tidak mengetahui isi Taurat selain dari dongeng-dongeng yang diceritakan pendeta-pendeta mereka.

84. Dan (ingatlah), ketika Kami mengambil janji dari kamu (yaitu): kamu tidak akan menumpahkan darahmu (membunuh orang), dan kamu tidak akan mengusir dirimu (saudaramu sebangsa) dari kampung halamanmu, kemudian kamu berikrar (akan memenuhinya) sedang kamu mempersaksikannya.

وَإِذۡ أَخَذۡنَا مِيثَٰقَكُمۡ لَا تَسۡفِكُونَ دِمَآءَكُمۡ وَلَا تُخۡرِجُونَ أَنفُسَكُم مِّن دِيَٰرِكُمۡ ثُمَّ أَقۡرَرۡتُمۡ وَأَنتُمۡ تَشۡهَدُونَ ۝

85. Kemudian kamu (Bani Israil) membunuh dirimu (saudaramu sebangsa) dan mengusir segolongan daripada kamu dari kampung halamannya, kamu bantu membantu terhadap mereka dengan membuat dosa dan permusuhan; tetapi jika mereka datang kepadamu sebagai tawanan, kamu tebus mereka, padahal mengusir mereka itu (juga) terlarang bagimu. Apakah kamu beriman kepada sebahagian Al Kitab (Taurat) dan ingkar terhadap sebahagian yang lain? Tiadalah balasan bagi orang yang berbuat demikian daripadamu, melainkan kenistaan dalam kehidupan dunia, dan pada hari kiamat mereka dikembalikan kepada siksa yang sangat berat. Allah tidak lengah dari apa yang kamu perbuat[68]).

ثُمَّ أَنتُمۡ هَٰٓؤُلَآءِ تَقۡتُلُونَ أَنفُسَكُمۡ وَتُخۡرِجُونَ فَرِيقٗا مِّنكُم مِّن دِيَٰرِهِمۡ تَظَٰهَرُونَ عَلَيۡهِم بِٱلۡإِثۡمِ وَٱلۡعُدۡوَٰنِ وَإِن يَأۡتُوكُمۡ أُسَٰرَىٰ تُفَٰدُوهُمۡ وَهُوَ مُحَرَّمٌ عَلَيۡكُمۡ إِخۡرَاجُهُمۡۚ أَفَتُؤۡمِنُونَ بِبَعۡضِ ٱلۡكِتَٰبِ وَتَكۡفُرُونَ بِبَعۡضٖۚ فَمَا جَزَآءُ مَن يَفۡعَلُ ذَٰلِكَ مِنكُمۡ إِلَّا خِزۡيٞ فِي ٱلۡحَيَوٰةِ ٱلدُّنۡيَاۖ وَيَوۡمَ ٱلۡقِيَٰمَةِ يُرَدُّونَ إِلَىٰٓ أَشَدِّ ٱلۡعَذَابِۗ وَمَا ٱللَّهُ بِغَٰفِلٍ عَمَّا تَعۡمَلُونَ ۝

86. Itulah orang-orang yang membeli kehidupan dunia dengan (kehidupan) akhirat, maka tidak akan diringankan siksa mereka dan mereka tidak akan ditolong.

أُوْلَٰٓئِكَ ٱلَّذِينَ ٱشۡتَرَوُاْ ٱلۡحَيَوٰةَ ٱلدُّنۡيَا بِٱلۡأٓخِرَةِۖ فَلَا يُخَفَّفُ عَنۡهُمُ ٱلۡعَذَابُ وَلَا هُمۡ يُنصَرُونَ ۝

Sikap orang Yahudi terhadap para rasul dan kitab-kitab yang diturunkan Allah.

87. Dan sesungguhnya Kami telah mendatangkan Al Kitab (Taurat) kepada Musa, dan Kami telah menyusulinya (berturut-turut) sesudah itu dengan rasul-rasul, dan telah Kami berikan bukti-bukti kebenaran (mu'jizat) kepada 'Isa putera

وَلَقَدۡ ءَاتَيۡنَا مُوسَى ٱلۡكِتَٰبَ وَقَفَّيۡنَا مِنۢ بَعۡدِهِۦ بِٱلرُّسُلِۖ وَءَاتَيۡنَا عِيسَى ٱبۡنَ مَرۡيَمَ ٱلۡبَيِّنَٰتِ وَأَيَّدۡنَٰهُ بِرُوحِ ٱلۡقُدُسِۗ

---

68). Ayat ini berkenaan dengan cerita orang Yahudi di Madinah pada permulaan Hijrah. Yahudi Bani Quraizhah bersekutu dengan suku Aus, dan Yahudi dari Bani Nadhir bersekutu dengan orang-orang Khazraj. Antara suku Aus dan suku Khazraj sebelum Islam selalu terjadi persengketaan dan peperangan yang menyebabkan Bani Quraizhah membantu Aus dan Bani Nadhir membantu orang-orang Khazraj. Sampai antara kedua suku Yahudi itupun terjadi peperangan dan tawan menawan, karena membantu sekutunya. Tapi jika kemudian ada orang-orang Yahudi tertawan, maka kedua suku Yahudi itu bersepakat untuk menebusnya kendatipun mereka tadinya berperang-perangan.

Maryam dan Kami memperkuatnya dengan Ruhul-Qudus[69]) Apakah setiap datang kepadamu seorang rasul membawa sesuatu (pelajaran) yang tidak sesuai dengan keinginanmu lalu kamu angkuh; maka beberapa orang (di antara mereka) kamu dustakan dan beberapa orang (yang lain) kamu bunuh?

88. Dan mereka berkata: "Hati kami tertutup". Tetapi sebenarnya Allah telah mengutuk mereka karena keingkaran mereka; maka sedikit sekali mereka yang beriman.

89. Dan setelah datang kepada mereka Al Qur'an dari Allah yang membenarkan apa yang ada pada mereka[70]), padahal sebelumnya mereka biasa memohon (kedatangan Nabi) untuk mendapat kemenangan atas orang-orang kafir, maka setelah datang kepada mereka apa yang telah mereka ketahui, mereka lalu ingkar kepadanya. Maka la'nat Allah-lah atas orang-orang yang ingkar itu.

90. Alangkah buruknya (perbuatan) mereka yang menjual dirinya sendiri dengan kekafiran kepada apa yang telah diturunkan Allah, karena dengki bahwa Allah menurunkan karunia-Nya[71]) kepada siapa yang dikehendaki-Nya di antara hamba-hamba-Nya. Karena itu mereka mendapat murka sesudah (mendapat) kemurkaan[72]. Dan untuk orang-orang kafir siksaan yang menghinakan.

91. Dan apabila dikatakan kepada mereka: "Berimanlah kepada Al Qur'an yang diturunkan Allah", mereka berkata: "Kami hanya beriman kepada apa yang diturun-

---

69). Maksudnya: kejadian Isa a.s. adalah kejadian yang luar biasa, tanpa bapak, yaitu dengan tiupan Ruhul Qudus oleh Jibril kepada diri Maryam. Ini termasuk mu'jizat 'Isa a.s. Menurut jumhur mufassirin, bahwa Ruhul Qudus itu ialah malaikat Jibril.
70). Maksudnya: kedatangan Nabi Muhammad s.a.w. yang tersebut dalam Taurat di mana diterangkan sifat-sifatnya.
71). Maksudnya: Allah menurunkan wahyu (kenabian) kepada Muhammad s.a.w.
72). Maksudnya: mereka mendapat kemurkaan yang berlipat-ganda yaitu kemurkaan karena tidak beriman kepada Muhammad s.a.w. dan kemurkaan yang disebabkan perbuatan mereka dahulu, yaitu membunuh nabi, mendustakannya, merobah-robah isi Taurat dan sebagainya.

وَرَاءَهُ وَهُوَ ٱلْحَقُّ مُصَدِّقًا لِّمَا مَعَهُمْ قُلْ فَلِمَ تَقْتُلُونَ أَنۢبِيَآءَ ٱللَّهِ مِن قَبْلُ إِن كُنتُم مُّؤْمِنِينَ ۝

kan kepada kami". Dan mereka kafir kepada Al Qur'an yang diturunkan sesudahnya, sedang Al Qur'an itu adalah (Kitab) yang hak, yang membenarkan apa yang ada pada mereka. Katakanlah: "Mengapa kamu dahulu membunuh nabi-nabi Allah jika benar kamu orang-orang yang beriman?"

Penyembahan yang dilakukan bangsa Yahudi terhadap anak sapi, merupakan tanda bagi kecenderungan mereka kepada benda

92. Sesungguhnya Musa telah datang kepadamu membawa bukti-bukti kebenaran (mu'jizat), kemudian kamu jadikan anak sapi (sebagai sembahan) sesudah (kepergian)nya[73], dan sebenarnya kamu adalah orang-orang yang zalim.

۞ وَلَقَدْ جَآءَكُم مُّوسَىٰ بِٱلْبَيِّنَٰتِ ثُمَّ ٱتَّخَذْتُمُ ٱلْعِجْلَ مِنۢ بَعْدِهِۦ وَأَنتُمْ ظَٰلِمُونَ ۝

93. Dan (ingatlah), ketika Kami mengambil janji dari kamu dan Kami angkat bukit (Thursina) di atasmu (seraya Kami berfirman): "Peganglah teguh-teguh apa yang Kami berikan kepadamu dan dengarkanlah!" Mereka menjawab: "Kami mendengarkan tetapi tidak menta'ati". Dan telah diresapkan ke dalam hati mereka itu (kecintaan menyembah) anak sapi karena kekafirannya. Katakanlah: "Amat jahat[74] perbuatan yang diperintahkan imanmu kepadamu jika betul kamu beriman (kepada Taurat)".

وَإِذْ أَخَذْنَا مِيثَٰقَكُمْ وَرَفَعْنَا فَوْقَكُمُ ٱلطُّورَ خُذُوا۟ مَآ ءَاتَيْنَٰكُم بِقُوَّةٍ وَٱسْمَعُوا۟ قَالُوا۟ سَمِعْنَا وَعَصَيْنَا وَأُشْرِبُوا۟ فِى قُلُوبِهِمُ ٱلْعِجْلَ بِكُفْرِهِمْ قُلْ بِئْسَمَا يَأْمُرُكُم بِهِۦٓ إِيمَٰنُكُمْ إِن كُنتُم مُّؤْمِنِينَ ۝

94. Katakanlah: "Jika kamu (menganggap bahwa) kampung akhirat (surga) itu khusus untukmu di sisi Allah, bukan untuk orang lain, maka inginilah[75] kematian (mu), jika kamu memang benar.

قُلْ إِن كَانَتْ لَكُمُ ٱلدَّارُ ٱلْءَاخِرَةُ عِندَ ٱللَّهِ خَالِصَةً مِّن دُونِ ٱلنَّاسِ فَتَمَنَّوُا۟ ٱلْمَوْتَ إِن كُنتُمْ صَٰدِقِينَ ۝

95. Dan sekali-kali mereka tidak akan menginginkan kematian itu selama-lamanya, karena kesalahan-kesalahan yang telah diperbuat oleh tangan mereka (sendiri). Dan Allah Maha Mengetahui siapa orang-orang yang aniaya.

وَلَن يَتَمَنَّوْهُ أَبَدًۢا بِمَا قَدَّمَتْ أَيْدِيهِمْ وَٱللَّهُ عَلِيمٌۢ بِٱلظَّٰلِمِينَ ۝

---

73). Maksudnya kepergian Musa a.s. ke bukit Thur yang terletak di Sinai, sesudah didatangkan kepadanya mu'jizat-mu'jizat.

74). Perbuatan jahat yang mereka kerjakan ialah menyembah anak sapi, membunuh nabi-nabi dan melanggar janji.

75). Maksudnya: mintalah agar kamu dimatikan sekarang saja.

96. Dan sungguh kamu akan mendapati mereka, manusia yang paling loba kepada kehidupan (di dunia), bahkan (lebih loba lagi) dari orang-orang musyrik. Masing-masing mereka ingin agar diberi umur seribu tahun, padahal umur panjang itu sekali-kali tidak akan menjauhkannya dari siksa. Allah Maha Mengetahui apa yang mereka kerjakan.

وَلَتَجِدَنَّهُمْ أَحْرَصَ ٱلنَّاسِ عَلَىٰ حَيَوٰةٍ وَمِنَ ٱلَّذِينَ أَشْرَكُوا۟ ۚ يَوَدُّ أَحَدُهُمْ لَوْ يُعَمَّرُ أَلْفَ سَنَةٍ وَمَا هُوَ بِمُزَحْزِحِهِۦ مِنَ ٱلْعَذَابِ أَن يُعَمَّرَ ۗ وَٱللَّهُ بَصِيرٌۢ بِمَا يَعْمَلُونَ ۝

Memusuhi Jibril berarti memusuhi Allah yang mengutusnya.

97. Katakanlah: Barangsiapa yang menjadi musuh Jibril, maka Jibril itu telah menurunkannya (Al Qur'an) ke dalam hatimu dengan seizin Allah; membenarkan apa (kitab-kitab) yang sebelumnya dan menjadi petunjuk serta berita gembira bagi orang-orang yang beriman.

قُلْ مَن كَانَ عَدُوًّا لِّجِبْرِيلَ فَإِنَّهُۥ نَزَّلَهُۥ عَلَىٰ قَلْبِكَ بِإِذْنِ ٱللَّهِ مُصَدِّقًا لِّمَا بَيْنَ يَدَيْهِ وَهُدًى وَبُشْرَىٰ لِلْمُؤْمِنِينَ ۝

98. Barangsiapa yang menjadi musuh Allah, malaikat-malaikat-Nya, rasul-rasul-Nya, Jibril dan Mikail, maka sesungguhnya Allah adalah musuh orang-orang kafir.

مَن كَانَ عَدُوًّا لِّلَّهِ وَمَلَٰٓئِكَتِهِۦ وَرُسُلِهِۦ وَجِبْرِيلَ وَمِيكَىٰلَ فَإِنَّ ٱللَّهَ عَدُوٌّ لِّلْكَٰفِرِينَ ۝

99. Dan sesungguhnya Kami telah menurunkan kepadamu ayat-ayat yang jelas; dan tak ada yang ingkar kepadanya, melainkan orang-orang yang fasik.

وَلَقَدْ أَنزَلْنَآ إِلَيْكَ ءَايَٰتٍۭ بَيِّنَٰتٍ ۖ وَمَا يَكْفُرُ بِهَآ إِلَّا ٱلْفَٰسِقُونَ ۝

100. Patutkah (mereka ingkar kepada ayat-ayat Allah), dan setiap kali mereka mengikat janji, segolongan mereka melemparkannya? Bahkan sebahagian besar dari mereka tidak beriman.

أَوَكُلَّمَا عَٰهَدُوا۟ عَهْدًا نَّبَذَهُۥ فَرِيقٌ مِّنْهُم ۚ بَلْ أَكْثَرُهُمْ لَا يُؤْمِنُونَ ۝

101. Dan setelah datang kepada mereka seorang Rasul dari sisi Allah yang membenarkan apa (kitab) yang ada pada mereka, sebahagian dari orang-orang yang diberi kitab (Taurat) melemparkan kitab Allah ke belakang (punggung)nya seolah-olah mereka tidak mengetahui (bahwa itu adalah kitab Allah).

وَلَمَّا جَآءَهُمْ رَسُولٌ مِّنْ عِندِ ٱللَّهِ مُصَدِّقٌ لِّمَا مَعَهُمْ نَبَذَ فَرِيقٌ مِّنَ ٱلَّذِينَ أُوتُوا۟ ٱلْكِتَٰبَ كِتَٰبَ ٱللَّهِ وَرَآءَ ظُهُورِهِمْ كَأَنَّهُمْ لَا يَعْلَمُونَ ۝

Tuduhan orang Yahudi terhadap Nabi Sulaiman a.s.

102. Dan mereka mengikuti apa[76]) yang dibaca oleh syaitan-syaitan[77]) pada masa kerajaan Sulaiman (dan mereka mengatakan bahwa Sulaiman itu mengerjakan sihir), padahal Sulaiman tidak kafir (tidak mengerjakan sihir), hanya syaitan-syaitan itulah yang kafir (mengerjakan sihir). Mereka mengajarkan sihir kepada manusia dan apa yang diturunkan kepada dua orang malaikat[78]) di negeri Babil yaitu Harut dan Marut, sedang keduanya tidak mengajarkan (sesuatu) kepada seorangpun sebelum mengatakan: "Sesungguhnya kami hanya cobaan (bagimu), sebab itu janganlah kamu kafir". Maka mereka mempelajari dari kedua malaikat itu apa yang dengan sihir itu, mereka dapat menceraikan antara seorang (suami) dengan isterinya[79]). Dan mereka itu (ahli sihir) tidak memberi mudharat dengan sihirnya kepada seorangpun kecuali dengan izin Allah. Dan mereka mempelajari sesuatu yang memberi mudharat kepadanya dan tidak memberi manfaat. Demi, sesungguhnya mereka telah meyakini bahwa barangsiapa yang menukarnya (kitab Allah) dengan sihir itu, tiadalah baginya keuntungan di akhirat, dan amat jahatlah perbuatan mereka menjual dirinya dengan sihir, kalau mereka mengetahui.

103. Sesungguhnya kalau mereka beriman dan bertakwa, (niscaya mereka akan mendapat pahala), dan sesungguhnya pahala dari sisi Allah adalah lebih baik, kalau mereka mengetahui.

---

76). Maksudnya: kitab-kitab sihir.
77). Syaitan-syaitan itu menyebarkan berita-berita bohong, bahwa Nabi Sulaiman menyimpan lembaran-lembaran sihir (Ibnu Katsir).
78). Para mufassirin berlainan pendapat tentang yang dimaksud dengan 2 orang Malaikat itu. Ada yang berpendapat, mereka betul-betul Malaikat dan ada pula yang berpendapat, orang yang dipandang saleh seperti Malaikat dan ada pula yang berpendapat, dua orang jahat yang pura-pura saleh seperti Malaikat.
79). Bermacam-macam sihir yang dikerjakan orang Yahudi, sampai kepada sihir untuk mencerai-beraikan masyarakat, seperti mencerai-beraikan suami isteri.

Ketidak sopanan orang-orang Yahudi terhadap Nabi dan sahabat-sahabatnya.

104. Hai orang-orang yang beriman, janganlah kamu katakan (kepada Muhammad): "Raa'ina", tetapi katakanlah: "Unzhurna", dan "dengarlah". Dan bagi orang-orang kafir siksaan yang pedih[80]).

105. Orang-orang kafir dari Ahli Kitab dan orang-orang musyrik tiada menginginkan diturunkannya sesuatu kebaikan kepadamu dari Tuhanmu. Dan Allah menentukan siapa yang dikehendaki-Nya (untuk diberi) rahmat-Nya (kenabian); dan Allah mempunyai karunia yang besar.

Menasakhkan sesuatu ayat adalah urusan Allah.

106. Ayat mana saja[81]) yang Kami nasakhkan, atau Kami jadikan (manusia) lupa kepadanya, Kami datangkan yang lebih baik daripadanya atau yang sebanding dengannya. Tiadakah kamu mengetahui bahwa sesungguhnya Allah Maha Kuasa atas segala sesuatu?

107. Tiadakah kamu mengetahui bahwa kerajaan langit dan bumi adalah kepunyaan Allah? Dan tiada bagimu selain Allah seorang pelindung maupun seorang penolong.

108. Apakah kamu menghendaki untuk meminta kepada Rasul kamu seperti Bani Israil meminta kepada Musa pada zaman dahulu? Dan barangsiapa yang menukar iman dengan kekafiran, maka sungguh orang itu telah sesat dari jalan yang lurus.

---

80). "Raa'ina" berarti: sudilah kiranya kamu memperhatikan kami. Di kala para sahabat menghadapkan kata ini kepada Rasulullah, orang Yahudipun memakai pula kata ini dengan digumam seakan-akan menyebut "Raa'ina", padahal yang mereka katakan ialah "Ru'uunah" yang berarti kebodohan yang sangat, sebagai ejekan kepada Rasulullah. Itulah sebabnya Tuhan menyuruh supaya sahabat-sahabat menukar perkataan "Raa'ina" dengan "Unzhurna" yang juga sama artinya dengan "Raa'ina".

81). Para mufassirin berlainan pendapat tentang arti "ayat", ada yang mengartikan ayat Al Qur'an, dan ada yang mengartikan mu'jizat.

109. Sebahagian besar Ahli Kitab menginginkan agar mereka dapat mengembalikan kamu kepada kekafiran setelah kamu beriman, karena dengki yang (timbul) dari diri mereka sendiri, setelah nyata bagi mereka kebenaran. Maka ma'afkanlah dan biarkanlah mereka, sampai Allah mendatangkan perintah-Nya[82]. Sesungguhnya Allah Maha Kuasa atas segala sesuatu.

وَدَّ كَثِيرٌ مِّنْ أَهْلِ ٱلْكِتَٰبِ لَوْ يَرُدُّونَكُم مِّنۢ بَعْدِ إِيمَٰنِكُمْ كُفَّارًا حَسَدًا مِّنْ عِندِ أَنفُسِهِم مِّنۢ بَعْدِ مَا تَبَيَّنَ لَهُمُ ٱلْحَقُّ ۖ فَٱعْفُوا۟ وَٱصْفَحُوا۟ حَتَّىٰ يَأْتِىَ ٱللَّهُ بِأَمْرِهِۦٓ ۗ إِنَّ ٱللَّهَ عَلَىٰ كُلِّ شَىْءٍ قَدِيرٌ ۝

110. Dan dirikanlah shalat dan tunaikanlah zakat. Dan kebaikan apa saja yang kamu usahakan bagi dirimu, tentu kamu akan mendapat pahalanya pada sisi Allah. Sesungguhnya Allah Maha Melihat apa-apa yang kamu kerjakan.

وَأَقِيمُوا۟ ٱلصَّلَوٰةَ وَءَاتُوا۟ ٱلزَّكَوٰةَ ۚ وَمَا تُقَدِّمُوا۟ لِأَنفُسِكُم مِّنْ خَيْرٍ تَجِدُوهُ عِندَ ٱللَّهِ ۗ إِنَّ ٱللَّهَ بِمَا تَعْمَلُونَ بَصِيرٌ ۝

111. Dan mereka (Yahudi dan Nasrani) berkata: "Sekali-kali tidak akan masuk surga kecuali orang-orang (yang beragama) Yahudi atau Nasrani". Demikian itu (hanya) angan-angan mereka yang kosong belaka. Katakanlah: "Tunjukkanlah bukti kebenaranmu jika kamu adalah orang yang benar".

وَقَالُوا۟ لَن يَدْخُلَ ٱلْجَنَّةَ إِلَّا مَن كَانَ هُودًا أَوْ نَصَٰرَىٰ ۗ تِلْكَ أَمَانِيُّهُمْ ۗ قُلْ هَاتُوا۟ بُرْهَٰنَكُمْ إِن كُنتُمْ صَٰدِقِينَ ۝

112. (Tidak demikian) bahkan barangsiapa yang menyerahkan diri kepada Allah, sedang ia berbuat kebajikan, maka baginya pahala pada sisi Tuhannya dan tidak ada kekhawatiran terhadap mereka dan tidak (pula) mereka bersedih hati.

بَلَىٰ مَنْ أَسْلَمَ وَجْهَهُۥ لِلَّهِ وَهُوَ مُحْسِنٌ فَلَهُۥٓ أَجْرُهُۥ عِندَ رَبِّهِۦ وَلَا خَوْفٌ عَلَيْهِمْ وَلَا هُمْ يَحْزَنُونَ ۝

113. Dan orang-orang Yahudi berkata: "Orang-orang Nasrani itu tidak mempunyai suatu pegangan", dan orang-orang Nasrani berkata: "Orang-orang Yahudi tidak mempunyai sesuatu pegangan," padahal mereka (sama-sama) membaca Al Kitab. Demikian pula orang-orang yang tidak mengetahui, mengatakan seperti ucapan mereka itu. Maka Allah akan mengadili di antara mereka pada hari kiamat, tentang apa-apa yang mereka berselisih padanya.

وَقَالَتِ ٱلْيَهُودُ لَيْسَتِ ٱلنَّصَٰرَىٰ عَلَىٰ شَىْءٍ وَقَالَتِ ٱلنَّصَٰرَىٰ لَيْسَتِ ٱلْيَهُودُ عَلَىٰ شَىْءٍ وَهُمْ يَتْلُونَ ٱلْكِتَٰبَ ۗ كَذَٰلِكَ قَالَ ٱلَّذِينَ لَا يَعْلَمُونَ مِثْلَ قَوْلِهِمْ ۚ فَٱللَّهُ يَحْكُمُ بَيْنَهُمْ يَوْمَ ٱلْقِيَٰمَةِ فِيمَا كَانُوا۟ فِيهِ يَخْتَلِفُونَ ۝

Tindakan-tindakan menghalangi beribadah.

114. Dan siapakah yang lebih aniaya daripada orang yang menghalang-halangi menyebut nama Allah dalam mesjid-mesjid-

وَمَنْ أَظْلَمُ مِمَّن مَّنَعَ مَسَٰجِدَ ٱللَّهِ أَن يُذْكَرَ فِيهَا

---

[82] Maksudnya: keizinan memerangi dan mengusir orang Yahudi.

Nya, dan berusaha untuk merobohkannya? Mereka itu tidak sepatutnya masuk ke dalamnya (mesjid Allah), kecuali dengan rasa takut (kepada Allah). Mereka di dunia mendapat kehinaan dan di akhirat mendapat siksa yang berat.

115. Dan kepunyaan Allah-lah timur dan barat, maka ke manapun kamu menghadap di situlah wajah Allah[83]. Sesungguhnya Allah Maha Luas (rahmat-Nya) lagi Maha Mengetahui.

116. Mereka (orang-orang kafir) berkata: "Allah mempunyai anak". Maha Suci Allah, bahkan apa yang ada di langit dan di bumi adalah kepunyaan Allah; semua tunduk kepada-Nya.

117. Allah Pencipta langit dan bumi, dan bila Dia berkehendak (untuk menciptakan) sesuatu, maka (cukuplah) Dia hanya mengatakan kepadanya: "Jadilah". Lalu jadilah ia.

118. Dan orang-orang yang tidak mengetahui berkata: "Mengapa Allah tidak (langsung) berbicara dengan kami atau datang tanda-tanda kekuasaan-Nya kepada kami?" Demikian pula orang-orang yang sebelum mereka telah mengatakan seperti ucapan mereka itu; hati mereka serupa. Sesungguhnya Kami telah menjelaskan tanda-tanda kekuasaan Kami kepada kaum yang yakin.

Larangan mengikuti Yahudi dan Nasrani.

119. Sesungguhnya Kami telah mengutusmu (Muhammad) dengan kebenaran; sebagai pembawa berita gembira dan pemberi peringatan, dan kamu tidak akan diminta (pertanggungan jawab) tentang penghuni-penghuni neraka.

---

83). Ath Thabari menyebutkan bahwa ayat ini turun berkenaan tentang suatu kaum yang suatu ketika tidak dapat melihat arah kiblat yang tepat, sehingga mereka shalat ke arah yang berbeda-beda.

120. Orang-orang Yahudi dan Nasrani tidak akan senang kepada kamu hingga kamu mengikuti agama mereka. Katakanlah: "Sesungguhnya petunjuk Allah itulah petunjuk (yang benar)". Dan sesungguhnya jika kamu mengikuti kemauan mereka setelah pengetahuan datang kepadamu, maka Allah tidak lagi menjadi pelindung dan penolong bagimu.

121. Orang-orang yang telah Kami berikan Al Kitab kepadanya, mereka membacanya dengan bacaan yang sebenarnya [84]), mereka itu beriman kepadanya. Dan barangsiapa yang ingkar kepadanya, maka mereka itulah orang-orang yang rugi.

122. Hai Bani Israil, ingatlah akan ni'mat-Ku yang telah Ku-anugerahkan kepadamu dan Aku telah melebihkan kamu atas segala umat [85]).

123. Dan takutlah kamu kepada suatu hari di waktu seseorang tidak dapat menggantikan [86]) seseorang lain sedikitpun dan tidak akan diterima suatu tebusan daripadanya dan tidak akan memberi manfa'at sesuatu syafa'at kepadanya dan tidak (pula) mereka akan ditolong.

Perjanjian dengan Nabi Ibrahim a.s.

124. Dan (ingatlah), ketika Ibrahim diuji [87]) Tuhannya dengan beberapa kalimat (perintah dan larangan), lalu Ibrahim menunaikannya. Allah berfirman: "Sesungguhnya Aku akan menjadikanmu imam bagi seluruh manusia". Ibrahim berkata: "(Dan saya mohon juga) dari keturunanku"[88]). Allah berfirman "Janji-Ku (ini) tidak mengenai orang-orang yang zalim".

---

84). Maksudnya: tidak merobah dan memta'wilkan Al Kitab sekehendak hatinya.
85). Maksudnya: umat yang semasa dengan Bani Israil.
86). Maksudnya: dosa dan pahala seseorang tidak dapat dipindahkan kepada orang lain.
87). Ujian terhadap Nabi Ibrahim a.s. di antaranya: membangun Ka'bah, membersihkan Ka'bah dari kemusyrikan, mengorbankan anaknya Ismail, menghadapi raja Namrudz dan lain-lain.
88). Allah telah mengabulkan do'a Nabi Ibrahim a.s., karena banyak di antara rasul-rasul itu adalah keturunan Nabi Ibrahim a.s.

125. Dan (ingatlah), ketika Kami menjadikan rumah itu (Baitullah) tempat berkumpul bagi manusia dan tempat yang aman. Dan jadikanlah sebahagian maqam Ibrahim[89] tempat shalat. Dan telah Kami perintahkan kepada Ibrahim dan Ismail: "Bersihkanlah rumah-Ku untuk orang-orang yang thawaf, yang i'tikaaf, yang ruku' dan yang sujud".

وَإِذْ جَعَلْنَا ٱلْبَيْتَ مَثَابَةً لِّلنَّاسِ وَأَمْنًا وَٱتَّخِذُوا۟ مِن مَّقَامِ إِبْرَٰهِۦمَ مُصَلًّى ۖ وَعَهِدْنَآ إِلَىٰٓ إِبْرَٰهِۦمَ وَإِسْمَٰعِيلَ أَن طَهِّرَا بَيْتِىَ لِلطَّآئِفِينَ وَٱلْعَٰكِفِينَ وَٱلرُّكَّعِ ٱلسُّجُودِ ۝

126. Dan (ingatlah), ketika Ibrahim berdo'a: "Ya Tuhanku, jadikanlah negeri ini, negeri yang aman sentosa, dan berikanlah rezki dari buah-buahan kepada penduduknya yang beriman di antara mereka kepada Allah dan hari kemudian. Allah berfirman: "Dan kepada orang yang kafirpun Aku beri kesenangan sementara, kemudian Aku paksa ia menjalani siksa neraka dan itulah seburuk-buruk tempat kembali".

وَإِذْ قَالَ إِبْرَٰهِۦمُ رَبِّ ٱجْعَلْ هَٰذَا بَلَدًا ءَامِنًا وَٱرْزُقْ أَهْلَهُۥ مِنَ ٱلثَّمَرَٰتِ مَنْ ءَامَنَ مِنْهُم بِٱللَّهِ وَٱلْيَوْمِ ٱلْءَاخِرِ ۖ قَالَ وَمَن كَفَرَ فَأُمَتِّعُهُۥ قَلِيلًا ثُمَّ أَضْطَرُّهُۥٓ إِلَىٰ عَذَابِ ٱلنَّارِ ۖ وَبِئْسَ ٱلْمَصِيرُ ۝

127. Dan (ingatlah), ketika Ibrahim meninggikan (membina) dasar-dasar Baitullah bersama Ismail (seraya berdo'a): "Ya Tuhan kami terimalah daripada kami (amalan kami), sesungguhnya Engkaulah Yang Maha Mendengar lagi Maha Mengetahui".

وَإِذْ يَرْفَعُ إِبْرَٰهِۦمُ ٱلْقَوَاعِدَ مِنَ ٱلْبَيْتِ وَإِسْمَٰعِيلُ رَبَّنَا تَقَبَّلْ مِنَّآ ۖ إِنَّكَ أَنتَ ٱلسَّمِيعُ ٱلْعَلِيمُ ۝

128. Ya Tuhan kami, jadikanlah kami berdua orang yang tunduk patuh kepada Engkau dan (jadikanlah) di antara anak cucu kami umat yang tunduk patuh kepada Engkau dan tunjukkanlah kepada kami cara-cara dan tempat-tempat ibadat haji kami, dan terimalah taubat kami. Sesungguhnya Engkaulah Yang Maha Penerima taubat lagi Maha Penyayang.

رَبَّنَا وَٱجْعَلْنَا مُسْلِمَيْنِ لَكَ وَمِن ذُرِّيَّتِنَآ أُمَّةً مُّسْلِمَةً لَّكَ وَأَرِنَا مَنَاسِكَنَا وَتُبْ عَلَيْنَآ ۖ إِنَّكَ أَنتَ ٱلتَّوَّابُ ٱلرَّحِيمُ ۝

129. Ya Tuhan kami, utuslah untuk mereka seorang Rasul dari kalangan mereka, yang akan membacakan kepada mereka ayat-ayat Engkau, dan mengajarkan kepada mereka Al Kitab (Al Qur'an) dan Al-Hikmah (As-Sunnah) serta mensucikan mereka. Sesungguhnya Engkaulah yang Maha Perkasa lagi Maha Bijaksana.

رَبَّنَا وَٱبْعَثْ فِيهِمْ رَسُولًا مِّنْهُمْ يَتْلُوا۟ عَلَيْهِمْ ءَايَٰتِكَ وَيُعَلِّمُهُمُ ٱلْكِتَٰبَ وَٱلْحِكْمَةَ وَيُزَكِّيهِمْ ۚ إِنَّكَ أَنتَ ٱلْعَزِيزُ ٱلْحَكِيمُ ۝

---

89) Ialah tempat berdiri Nabi Ibrahim a.s. di waktu membuat Ka'bah.

Agama Nabi Ibrahim a.s.

130. Dan tidak ada yang benci kepada agama Ibrahim, melainkan orang yang memperbodoh dirinya sendiri, dan sungguh Kami telah memilihnya[90]) di dunia dan sesungguhnya dia di akhirat benar-benar termasuk orang-orang yang saleh.

وَمَن يَرْغَبُ عَن مِّلَّةِ إِبْرَٰهِـۧمَ إِلَّا مَن سَفِهَ نَفْسَهُۥ ۚ وَلَقَدِ ٱصْطَفَيْنَٰهُ فِى ٱلدُّنْيَا ۖ وَإِنَّهُۥ فِى ٱلْءَاخِرَةِ لَمِنَ ٱلصَّٰلِحِينَ ۝

131. Ketika Tuhannya berfirman kepadanya: "Tunduk patuhlah!" Ibrahim menjawab: "Aku tunduk patuh kepada Tuhan semesta alam".

إِذْ قَالَ لَهُۥ رَبُّهُۥٓ أَسْلِمْ ۖ قَالَ أَسْلَمْتُ لِرَبِّ ٱلْعَٰلَمِينَ ۝

132. Dan Ibrahim telah mewasiatkan ucapan itu kepada anak-anaknya, demikian pula Ya'qub. (Ibrahim berkata): "Hai anak-anakku! Sesungguhnya Allah telah memilih agama ini bagimu, maka janganlah kamu mati kecuali dalam memeluk agama Islam".

وَوَصَّىٰ بِهَآ إِبْرَٰهِـۧمُ بَنِيهِ وَيَعْقُوبُ يَٰبَنِىَّ إِنَّ ٱللَّهَ ٱصْطَفَىٰ لَكُمُ ٱلدِّينَ فَلَا تَمُوتُنَّ إِلَّا وَأَنتُم مُّسْلِمُونَ ۝

133. Adakah kamu hadir ketika Ya'qub kedatangan (tanda-tanda) maut, ketika ia berkata kepada anak-anaknya: "Apa yang kamu sembah sepeninggalku?" Mereka menjawab: "Kami akan menyembah Tuhanmu dan Tuhan nenek moyangmu, Ibrahim, Isma'il dan Ishaq, (yaitu) Tuhan Yang Maha Esa dan kami hanya tunduk patuh kepada-Nya."

أَمْ كُنتُمْ شُهَدَآءَ إِذْ حَضَرَ يَعْقُوبَ ٱلْمَوْتُ إِذْ قَالَ لِبَنِيهِ مَا تَعْبُدُونَ مِنۢ بَعْدِى قَالُوا۟ نَعْبُدُ إِلَٰهَكَ وَإِلَٰهَ ءَابَآئِكَ إِبْرَٰهِـۧمَ وَإِسْمَٰعِيلَ وَإِسْحَٰقَ إِلَٰهًا وَٰحِدًا وَنَحْنُ لَهُۥ مُسْلِمُونَ ۝

134. Itu adalah umat yang lalu; baginya apa yang telah diusahakannya dan bagimu apa yang sudah kamu usahakan, dan kamu tidak akan diminta pertanggungan jawab tentang apa yang telah mereka kerjakan.

تِلْكَ أُمَّةٌ قَدْ خَلَتْ ۖ لَهَا مَا كَسَبَتْ وَلَكُم مَّا كَسَبْتُمْ ۖ وَلَا تُسْـَٔلُونَ عَمَّا كَانُوا۟ يَعْمَلُونَ ۝

135. Dan mereka berkata: "Hendaklah kamu menjadi penganut agama Yahudi atau Nasrani, niscaya kamu mendapat petunjuk". Katakanlah: "Tidak, bahkan (kami mengikuti) agama Ibrahim yang lurus. Dan bukanlah dia (Ibrahim) dari golongan orang musyrik".

وَقَالُوا۟ كُونُوا۟ هُودًا أَوْ نَصَٰرَىٰ تَهْتَدُوا۟ ۗ قُلْ بَلْ مِلَّةَ إِبْرَٰهِـۧمَ حَنِيفًا ۖ وَمَا كَانَ مِنَ ٱلْمُشْرِكِينَ ۝

---

90). Di antaranya menjadi: imam, rasul, banyak keturunannya yang menjadi nabi, diberi gelar khalilullah.

136. Katakanlah (hai orang-orang mu'min): "Kami beriman kepada Allah dan apa yang diturunkan kepada kami, dan apa yang diturunkan kepada Ibrahim, Isma'il, Ishaq, Ya'qub dan anak cucunya, dan apa yang diberikan kepada Musa dan 'Isa serta apa yang diberikan kepada nabi-nabi dari Tuhannya. Kami tidak membeda-bedakan seorangpun di antara mereka dan kami hanya tunduk patuh kepada-Nya".

137. Maka jika mereka beriman kepada apa yang kamu telah beriman kepadanya, sungguh mereka telah mendapat petunjuk; dan jika mereka berpaling, sesungguhnya mereka berada dalam permusuhan (dengan kamu). Maka Allah akan memelihara kamu dari mereka. Dan Dialah Yang Maha Mendengar lagi Maha Mengetahui.

138. Shibghah Allah[91]). Dan siapakah yang lebih baik shibghahnya daripada Allah? Dan hanya kepada-Nya-lah kami menyembah.

139. Katakanlah: "Apakah kamu memperdebatkan dengan kami tentang Allah, padahal Dia adalah Tuhan kami dan Tuhan kamu; bagi kami amalan kami, bagi kamu amalan kamu dan hanya kepada-Nya kami mengikhlaskan hati.

140. ataukah kamu (hai orang-orang Yahudi dan Nasrani) mengatakan bahwa Ibrahim, Isma'il, Ishaq, Ya'qub dan anak cucunya, adalah penganut agama Yahudi atau Nasrani? Katakanlah: "Apakah kamu yang lebih mengetahui ataukah Allah, dan siapakah yang lebih zalim daripada orang yang menyembunyikan syahadah dari Allah[92]) yang ada padanya?" Dan Allah sekali-kali tiada lengah dari apa yang kamu kerjakan

---

91). *Shibghah* artinya celupan. *Shibghah Allah* celupan Allah yang berarti iman kepada Allah (agama) yang tidak disertai dengan kemusyrikan.

92). *Syahadah dari Allah* ialah persaksian Allah yang tersebut dalam Taurat dan Injil bahwa Ibrahim a.s. dan anak cucunya bukan penganut agama Yahudi atau Nasrani dan bahwa Allah akan mengutus Muhammad s.a.w.

141. Itu adalah umat yang telah lalu; baginya apa yang diusahakannya dan bagimu apa yang kamu usahakan; dan kamu tidak akan diminta pertanggungan jawab tentang apa yang telah mereka kerjakan.

$$\text{تِلْكَ أُمَّةٌ قَدْ خَلَتْ لَهَا مَا كَسَبَتْ وَلَكُمْ مَا كَسَبْتُمْ وَلَا تُسْأَلُونَ عَمَّا كَانُوا يَعْمَلُونَ ۝}$$

JUZ 2

KEESAAN TUHANLAH AKHIRNYA YANG MENANG.

Sekitar pemindahan kiblat.

142. Orang-orang yang kurang akalnya[93]) di antara manusia akan berkata "Apakah yang memalingkan mereka (umat Islam) dari kiblatnya (Baitul Maqdis) yang dahulu mereka telah berkiblat kepadanya?" Katakanlah: "Kepunyaan Allah-lah timur dan barat; Dia memberi petunjuk kepada siapa yang dikehendaki-Nya ke jalan yang lurus[94])

143. Dan demikian (pula) Kami telah menjadikan kamu (umat Islam), umat yang adil dan pilihan[95]) agar kamu menjadi saksi atas (perbuatan) manusia dan agar Rasul (Muhammad) menjadi saksi atas (perbuatan) kamu. Dan Kami tidak menetapkan kiblat yang menjadi kiblatmu (sekarang) melainkan agar Kami mengetahui (supaya nyata) siapa yang mengikuti Rasul dan siapa yang membelot. Dan sungguh (pemindahan kiblat) itu terasa amat berat, kecuali bagi orang-orang yang telah diberi petunjuk oleh Allah; dan Allah tidak akan menyia-nyiakan imanmu. Sesungguhnya Allah Maha Pengasih lagi Maha Penyayang kepada manusia.

---

93). Maksudnya: ialah orang-orang yang kurang pikirannya sehingga tidak dapat memahami maksad pemindahan kiblat.
94). Di waktu Nabi Muhammad s.a.w. berada di Mekah di tengah-tengah kaum musyrikin beliau berkiblat ke Baitul Maqdis. Tetapi setelah 16 atau 17 bulan Nabi berada di Madinah di tengah-tengah orang Yahudi dan Nasrani beliau disuruh oleh Tuhan untuk mengambil Ka'bah menjadi kiblat, terutama sekali untuk memberi pengertian bahwa dalam 'ibadat shalat itu bukanlah arah Baitul Maqdis dan Ka'bah itu menjadi tujuan, tetapi menghadapkan diri kepada Tuhan. Untuk persatuan umat Islam, Allah menjadikan Ka'bah sebagai kiblat.
95). Umat Islam dijadikan umat yang adil dan pilihan, karena mereka akan menjadi saksi atas perbuatan orang yang menyimpang dari kebenaran baik di dunia maupun di akhirat.

144. Sungguh Kami (sering) melihat mukamu menengadah ke langit⁹⁶), maka sungguh Kami akan memalingkan kamu ke kiblat yang kamu sukai. Palingkanlah mukamu ke arah Masjidil Haram. Dan di mana saja kamu berada, palingkanlah mukamu ke arahnya. Dan sesungguhnya orang-orang (Yahudi dan Nasrani) yang diberi Al Kitab (Taurat dan Injil) memang mengetahui, bahwa berpaling ke Masjidil Haram itu adalah benar dari Tuhannya; dan Allah sekali-kali tidak lengah dari apa yang mereka kerjakan.

145. Dan sesungguhnya jika kamu mendatangkan kepada orang-orang (Yahudi dan Nasrani) yang diberi Al Kitab (Taurat dan Injil), semua ayat (keterangan), mereka tidak akan mengikuti kiblatmu, dan kamupun tidak akan mengikuti kiblat mereka, dan sebahagian merekapun tidak akan mengikuti kiblat sebahagian yang lain.
Dan sesungguhnya jika kamu mengikuti keinginan mereka setelah mereka datang ilmu kepadamu, sesungguhnya kamu kalau begitu termasuk golongan orang-orang yang zalim.

146. Orang-orang (Yahudi dan Nasrani) yang telah Kami beri Al Kitab (Taurat dan Injil) mengenal Muhammad seperti mereka mengenal anak-anaknya sendiri⁹⁷). Dan sesungguhnya sebahagian di antara mereka menyembunyikan kebenaran, padahal mereka mengetahui.

147. Kebenaran itu adalah dari Tuhanmu, sebab itu jangan sekali-kali kamu termasuk orang-orang yang ragu.

---

96). Maksudnya ialah Nabi Muhammad s.a.w. sering melihat ke langit mendo'a dan menunggu-nunggu turunnya wahyu yang memerintahkan beliau menghadap ke Baitullah.
97). Mengenai Muhammad s.a.w. yaitu mengenai sifat-sifatnya sebagai yang tersebut dalam Taurat dan Injil.

148. Dan bagi tiap-tiap umat ada kiblatnya (sendiri) yang ia menghadap kepadanya. Maka berlomba-lombalah kamu (dalam berbuat) kebaikan. Di mana saja kamu berada pasti Allah akan mengumpulkan kamu sekalian (pada hari kiamat). Sesungguhnya Allah Maha Kuasa atas segala sesuatu.

149. Dan dari mana saja kamu ke luar, maka palingkanlah wajahmu ke arah Masjidil Haram; sesungguhnya ketentuan itu benar-benar sesuatu yang hak dari Tuhanmu. Dan Allah sekali-kali tidak lengah dari apa yang kamu kerjakan.

150. Dan dari mana saja kamu keluar, maka palingkanlah wajahmu ke arah Masjidil Haram. Dan di mana saja kamu (sekalian) berada, maka palingkanlah wajahmu ke arahnya, agar tidak ada hujjah bagi manusia atas kamu, kecuali orang-orang yang zalim di antara mereka. Maka janganlah kamu takut kepada mereka dan takutlah kepada-Ku. Dan agar Kusempurnakan ni'mat-Ku atasmu, dan supaya kamu mendapat petunjuk.

151. Sebagaimana (Kami telah menyempurnakan ni'mat Kami kepadamu) Kami telah mengutus kepadamu Rasul di antara kamu yang membacakan ayat-ayat Kami kepada kamu dan mensucikan kamu dan mengajarkan kepadamu Al Kitab dan Al Hikmah[98] serta mengajarkan kepada kamu apa yang belum kamu ketahui.

152. Karena itu, ingatlah kamu kepada-Ku niscaya Aku ingat (pula) kepadamu[99], dan bersyukurlah kepada-Ku, dan janganlah kamu mengingkari (ni'mat)-Ku.

Cobaan berat dalam menegakkan kebenaran.

153. Hai orang-orang yang beriman, mintalah pertolongan (kepada Allah) dengan sabar dan shalat, sesungguhnya Allah beserta orang-orang yang sabar.

---

98). Al Hikmah ialah As Sunnah An Nabawiyah.
99). Maksudnya: Aku limpahkan rahmat dan ampunan-Ku kepadamu.

154. Dan janganlah kamu mengatakan terhadap orang-orang yang gugur di jalan Allah, (bahwa mereka itu) mati; bahkan (sebenarnya) mereka itu hidup[100]), tetapi kamu tidak menyadarinya.

وَلَا تَقُولُوا لِمَن يُقْتَلُ فِى سَبِيلِ ٱللَّهِ أَمْوَٰتٌۢ بَلْ أَحْيَآءٌ وَلَٰكِن لَّا تَشْعُرُونَ ۝

155. Dan sungguh akan Kami berikan cobaan kepadamu, dengan sedikit ketakutan, kelaparan, kekurangan harta, jiwa dan buah-buahan. Dan berikanlah berita gembira kepada orang-orang yang sabar,

وَلَنَبْلُوَنَّكُم بِشَىْءٍ مِّنَ ٱلْخَوْفِ وَٱلْجُوعِ وَنَقْصٍ مِّنَ ٱلْأَمْوَٰلِ وَٱلْأَنفُسِ وَٱلثَّمَرَٰتِ وَبَشِّرِ ٱلصَّٰبِرِينَ ۝

156. (yaitu) orang-orang yang apabila ditimpa mushibah, mereka mengucapkan, "Innaa lillaahi wa innaa ilaihi raaji'uun"[101]

ٱلَّذِينَ إِذَآ أَصَٰبَتْهُم مُّصِيبَةٌ قَالُوٓا۟ إِنَّا لِلَّهِ وَإِنَّآ إِلَيْهِ رَٰجِعُونَ ۝

157. Mereka itulah yang mendapat keberkatan yang sempurna dan rahmat dari Tuhan mereka, dan mereka itulah orang-orang yang mendapat petunjuk.

أُو۟لَٰٓئِكَ عَلَيْهِمْ صَلَوَٰتٌ مِّن رَّبِّهِمْ وَرَحْمَةٌ وَأُو۟لَٰٓئِكَ هُمُ ٱلْمُهْتَدُونَ ۝

Manasik Haji.

158. Sesungguhnya Shafaa dan Marwah adalah sebahagian dari syi'ar Allah[102]). Maka barangsiapa yang beribadah haji ke Baitullah atau ber-'umrah, maka tidak ada dosa baginya[103]) mengerjakan sa'i antara keduanya. Dan barangsiapa yang mengerjakan suatu kebajikan dengan kerelaan hati, maka sesungguhnya Allah Maha Mensyukuri[104]) kebaikan lagi Maha Mengetahui.

۞ إِنَّ ٱلصَّفَا وَٱلْمَرْوَةَ مِن شَعَآئِرِ ٱللَّهِ فَمَنْ حَجَّ ٱلْبَيْتَ أَوِ ٱعْتَمَرَ فَلَا جُنَاحَ عَلَيْهِ أَن يَطَّوَّفَ بِهِمَا وَمَن تَطَوَّعَ خَيْرًا فَإِنَّ ٱللَّهَ شَاكِرٌ عَلِيمٌ ۝

---

100). Yaitu hidup dalam alam yang lain yang bukan alam kita ini, di mana mereka mendapat keni'matan-keni'matan di sisi Allah, dan hanya Allah sajalah yang mengetahui bagaimana keadaan hidup itu.

101). Artinya: Sesungguhnya kami adalah milik Allah dan kepada-Nya-lah kami kembali. Kalimat ini dinamakan kalimat "istirjaa" (pernyataan kembali kepada Allah). Disunatkan menyebutnya waktu ditimpa marabahaya baik besar maupun kecil.

102). Syi'ar-ayi'ar Allah: tempat-tempat beribadah kepada Allah.

103). Tuhan mengungkapkan dengan perkataan "tidak ada dosa" sebab sebahagian sahabat merasa keberatan mengerjakannya sa'i di situ, karena tempat itu bekas tempat berhala. Dan di masa jahiliyahpun tempat itu digunakan sebagai tempat sa'i. Untuk menghilangkan rasa keberatan itu Allah menurunkan ayat ini.

104). Allah mensyukuri hamba-Nya: memberi pahala terhadap amal-amal hamba-Nya, mema'afkan kesalahannya, menambah ni'mat-Nya dan sebagainya.

La'nat terhadap orang-orang yang menyembunyikan ayat-ayat Allah dan terhadap orang-orang kafir.

159. Sesungguhnya orang-orang yang menyembunyikan apa yang telah Kami turunkan berupa keterangan-keterangan (yang jelas) dan petunjuk, setelah Kami menerangkannya kepada manusia dalam Al Kitab, mereka itu dila'nati Allah dan dila'nati (pula) oleh semua (makhluk) yang dapat mela'nati,

160. kecuali mereka yang telah taubat dan mengadakan perbaikan [105]) dan menerangkan (kebenaran), maka terhadap mereka itu Aku menerima taubatnya dan Akulah Yang Maha Penerima taubat lagi Maha Penyayang.

161. Sesungguhnya orang-orang kafir dan mereka mati dalam keadaan kafir, mereka itu mendapat la'nat Allah, para malaikat dan manusia seluruhnya.

162. Mereka kekal di dalam la'nat itu; tidak akan diringankan siksa dari mereka dan tidak (pula) mereka diberi tangguh.

Allah Yang Berkuasa dan Yang menentukan.

163. Dan Tuhanmu adalah Tuhan Yang Maha Esa; tidak ada Tuhan (yang berhak disembah) melainkan Dia, Yang Maha Pemurah lagi Maha Penyayang.

164. Sesungguhnya dalam penciptaan langit dan bumi, silih bergantinya malam dan siang, bahtera yang berlayar di laut membawa apa yang berguna bagi manusia, dan apa yang Allah turunkan dari langit berupa air, lalu dengan air itu Dia hidupkan bumi sesudah mati (kering)-nya dan Dia sebarkan di bumi itu segala jenis hewan, dan pengisaran angin dan awan yang dikendalikan antara langit dan bumi; sungguh (terdapat) tanda-tanda (keesaan dan kebesaran Allah) bagi kaum yang memikirkan.

---

[105]) Mengadakan perbaikan berarti melakukan pekerjaan-pekerjaan yang baik untuk menghilangkan akibat-akibat yang jelek dari kesalahan-kesalahan yang dilakukan.

165. Dan di antara manusia ada orang-orang yang menyembah tandingan-tandingan selain Allah; mereka mencintainya sebagaimana mereka mencintai Allah. Adapun orang-orang yang beriman sangat cinta kepada Allah. Dan jika seandainya orang-orang yang berbuat zalim itu[106]) mengetahui ketika mereka melihat siksa (pada hari kiamat), bahwa kekuatan itu kepunyaan Allah semuanya dan bahwa Allah amat berat siksaan-Nya (niscaya mereka menyesal).

166. (Yaitu) ketika orang-orang yang diikuti itu berlepas diri dari orang-orang yang mengikutinya, dan mereka melihat siksa; dan (ketika) segala hubungan antara mereka terputus sama sekali.

167. Dan berkatalah orang-orang yang mengikuti: "Seandainya kami dapat kembali (ke dunia), pasti kami akan berlepas diri dari mereka, sebagaimana mereka berlepas diri dari kami." Demikianlah Allah memperlihatkan kepada mereka amal perbuatannya menjadi sesalan bagi mereka; dan sekali-kali mereka tidak akan ke luar dari api neraka.

168. Hai sekalian manusia, makanlah yang halal lagi baik dari apa yang terdapat di bumi, dan janganlah kamu mengikuti langkah-langkah syaitan; karena sesungguhnya syaitan itu adalah musuh yang nyata bagimu.

169. Sesungguhnya syaitan itu hanya menyuruh kamu berbuat jahat dan keji, dan mengatakan terhadap Allah apa yang tidak kamu ketahui.

170. Dan apabila dikatakan kepada mereka: "Ikutilah apa yang telah diturunkan Allah," mereka menjawab: "(Tidak), tetapi kami hanya mengikuti apa yang telah kami dapati dari (perbuatan) nenek moyang kami". "(Apakah mereka akan mengikuti juga), walaupun nenek moyang mereka itu tidak mengetahui suatu apapun, dan tidak mendapat petunjuk?"

---

[106]). Yang dimaksud dengan orang yang zalim di sini ialah orang-orang yang menyembah selain Allah.

171. Dan perumpamaan (orang yang menyeru) orang-orang kafir adalah seperti penggembala yang memanggil binatang yang tidak mendengar selain panggilan dan seruan saja[107]. Mereka tuli, bisu dan buta, maka (oleh sebab itu) mereka tidak mengerti.

Makanan yang halal dan yang haram.

172. Hai orang-orang yang beriman, makanlah di antara rezki yang baik-baik yang Kami berikan kepadamu dan bersyukurlah kepada Allah, jika benar-benar hanya kepada-Nya kamu menyembah.

173. Sesungguhnya Allah hanya mengharamkan bagimu bangkai, darah, daging babi, dan binatang yang (ketika disembelih) disebut (nama) selain Allah[108]. Tetapi barangsiapa dalam keadaan terpaksa (memakannya) sedang ia tidak menginginkannya dan tidak (pula) melampaui batas, maka tidak ada dosa baginya. Sesungguhnya Allah Maha Pengampun lagi Maha Penyayang.

174. Sesungguhnya orang-orang yang menyembunyikan apa yang telah diturunkan Allah, yaitu Al Kitab dan menjualnya dengan harga yang sedikit (murah), mereka itu sebenarnya tidak memakan (tidak menelan) ke dalam perutnya melainkan api[109], dan Allah tidak akan berbicara[110] kepada mereka pada hari kiamat dan tidak akan mensucikan mereka dan bagi mereka siksa yang amat pedih.

175. Mereka itulah orang-orang yang membeli kesesatan dengan petunjuk dan siksa dengan ampunan. Maka alangkah beraninya mereka menentang api neraka!

---

107). Dalam ayat ini orang kafir disamakan dengan binatang yang tidak mengerti arti panggilan penggembalanya.

108). Haram juga menurut ayat ini daging yang berasal dari sembelihan yang menyebut nama Allah tetapi disebut pula nama selain Allah.

109). Maksudnya ialah makanan yang dimakan berasal dari hasil menyembunyikan ayat-ayat yang diturunkan Allah, menyebabkan mereka masuk api neraka.

110). Maksudnya: Allah tidak berbicara kepada mereka dengan kasih sayang, tapi berbicara dengan kata-kata yang tidak menyenangkan.

176. Yang demikian itu adalah karena Allah telah menurunkan Al Kitab dengan membawa kebenaran; dan sesungguhnya orang-orang yang berselisih tentang (kebenaran) Al Kitab itu, benar-benar dalam penyimpangan yang jauh.

Pokok-pokok kebajikan.

177. Bukanlah menghadapkan wajahmu ke arah timur dan barat itu suatu kebajikan, akan tetapi sesungguhnya kebajikan itu ialah beriman kepada Allah, hari kemudian, malaikat-malaikat, kitab-kitab, nabi-nabi dan memberikan harta yang dicintainya kepada kerabatnya, anak-anak yatim, orang-orang miskin, musafir (yang memerlukan pertolongan) dan orang-orang yang meminta-minta; dan (memerdekakan) hamba sahaya, mendirikan shalat, dan menunaikan zakat; dan orang-orang yang menepati janjinya apabila ia berjanji, dan orang-orang yang sabar dalam kesempitan, penderitaan dan dalam peperangan. Mereka itulah orang-orang yang benar (imannya); dan mereka itulah orang-orang yang bertakwa.

Qishaash dan hikmahnya.

178. Hai orang-orang yang beriman, diwajibkan atas kamu qishaash berkenaan dengan orang-orang yang dibunuh; orang merdeka dengan orang merdeka, hamba dengan hamba dan wanita dengan wanita. Maka barangsiapa yang mendapat suatu pema'afan dari saudaranya, hendaklah (yang mema'afkan) mengikuti dengan cara yang baik, dan hendaklah (yang diberi ma'af) membayar (diat) kepada yang memberi ma'af dengan cara yang baik (pula). Yang demikian itu adalah suatu keringanan dari Tuhan kamu dan suatu rahmat. Barangsiapa yang melampaui batas sesudah itu, maka baginya siksa yang sangat pedih[111])

---

111). Qishaash ialah mengambil pembalasan yang sama. Qishaash itu tidak dilakukan, bila yang membunuh mendapat kema'afan dari ahli waris yang terbunuh yaitu dengan membayar diat (ganti rugi) yang wajar. Pembayaran diat diminta dengan baik, umpamanya dengan tidak mendesak yang membunuh, dan yang membunuh hendaklah membayarnya dengan baik, umpamanya tidak menangguh-nangguhkannya. Bila ahli waris sikorban sesudah Tuhan menjelaskan hukum-hukum ini, membunuh yang bukan sipembunuh, atau membunuh sipembunuh setelah menerima diat, maka terhadapnya di dunia diambil qishaash dan di akhirat dia mendapat siksa yang pedih.

179. Dan dalam qishaash itu ada (jaminan kelangsungan) hidup bagimu, hai orang-orang yang berakal, supaya kamu bertakwa.

Wasiat

180. Diwajibkan atas kamu, apabila seorang di antara kamu kedatangan (tanda-tanda) maut, jika ia meninggalkan harta yang banyak, berwasiat untuk ibu-bapa dan karib kerabatnya secara ma'ruf[112], (ini adalah) kewajiban atas orang-orang yang bertakwa.

181. Maka barangsiapa yang mengubah wasiat itu, setelah ia mendengarnya, maka sesungguhnya dosanya adalah bagi orang-orang yang mengubahnya. Sesungguhnya Allah Maha Mendengar lagi Maha Mengetahui.

182. (Akan tetapi) barangsiapa khawatir terhadap orang yang berwasiat itu, berlaku berat sebelah atau berbuat dosa, lalu ia mendamaikan[113]) antara mereka, maka tidaklah ada dosa baginya. Sesungguhnya Allah Maha Pengampun lagi Maha Penyayang.

Puasa

183. Hai orang-orang yang beriman, diwajibkan atas kamu berpuasa sebagaimana diwajibkan atas orang-orang sebelum kamu agar kamu bertakwa,

184. (yaitu) dalam beberapa hari yang tertentu. Maka barang siapa di antara kamu ada yang sakit atau dalam perjalanan (lalu ia berbuka), maka (wajiblah baginya berpuasa) sebanyak hari yang ditinggalkan itu pada hari-hari yang lain. Dan wajib bagi orang-orang yang berat menjalankannya (jika mereka tidak berpuasa) membayar fidyah, (yaitu): memberi makan seorang miskin. Barangsiapa yang dengan kerelaan hati mengerjakan kebajikan[114]), maka itulah yang lebih baik baginya. Dan berpuasa lebih baik bagimu jika kamu mengetahui.

---

112) Ma'ruf ialah adil dan baik. Wasiat itu (tidak melebihi sepertiga dari seluruh harta orang yang akan meninggal itu. Ayat ini dinasakhkan dengan ayat mawaris.
113) Mendamaikan ialah menyuruh orang yang berwasiat berlaku adil dalam mewasiatkan sesuai dengan batas-batas yang ditentukan syara'.
114) Maksudnya memberi makan lebih dari seorang miskin untuk satu hari.

185. (Beberapa hari yang ditentukan itu ialah) bulan Ramadhan, bulan yang di dalamnya diturunkan (permulaan) Al Qur'an sebagai petunjuk bagi manusia dan penjelasan-penjelasan mengenai petunjuk itu dan pembeda (antara yang hak dan yang bathil). Karena itu, barangsiapa di antara kamu hadir (di negeri tempat tinggalnya) di bulan itu, maka hendaklah ia berpuasa pada bulan itu, dan barangsiapa sakit atau dalam perjalanan (lalu ia berbuka), maka (wajiblah baginya berpuasa), sebanyak hari yang ditinggalkannya itu, pada hari-hari yang lain. Allah menghendaki kemudahan bagimu, dan tidak menghendaki kesukaran bagimu. Dan hendaklah kamu mencukupkan bilangannya dan hendaklah kamu mengagungkan Allah atas petunjuk-Nya yang diberikan kepadamu, supaya kamu bersyukur.

186. Dan apabila hamba-hamba-Ku bertanya kepadamu tentang Aku, maka (jawablah), bahwasanya Aku adalah dekat. Aku mengabulkan permohonan orang yang berdo'a apabila ia memohon kepada-Ku, maka hendaklah mereka itu memenuhi (segala perintah)Ku dan hendaklah mereka beriman kepada-Ku, agar mereka selalu berada dalam kebenaran.

187. Dihalalkan bagi kamu pada malam hari bulan Puasa bercampur dengan isteri-isteri kamu; mereka itu adalah pakaian bagimu, dan kamu pun adalah pakaian bagi mereka. Allah mengetahui bahwasanya kamu tidak dapat menahan nafsumu, karena itu Allah mengampuni kamu dan memberi ma'af kepadamu. Maka sekarang campurilah mereka dan carilah apa yang telah ditetapkan Allah untukmu, dan makan minumlah hingga terang bagimu benang putih dari benang hitam, yaitu fajar. Kemudian sempurnakanlah puasa itu sampai (datang) malam, (tetapi) janganlah kamu campuri mereka itu, sedang kamu beri'tikaf[115] dalam mesjid. Itulah larangan Allah, maka janganlah kamu mendekatinya. Demikianlah Allah menerangkan ayat-ayat-Nya kepada manusia, supaya mereka bertakwa.

---

115). "I'tikaf" ialah berada dalam mesjid dengan niat mendekatkan diri kepada Allah.

188. Dan janganlah sebahagian kamu memakan harta sebahagian yang lain di antara kamu dengan jalan yang bâtil dan (janganlah) kamu membawa (urusan) harta itu kepada hakim, supaya kamu dapat memakan sebahagian daripada harta benda orang lain itu dengan (jalan berbuat) dosa, padahal kamu mengetahui.

Berjihad dengan jiwa dan harta di jalan Allah s.w.t.

189. Mereka bertanya kepadamu tentang bulan sabit. Katakanlah: "Bulan sabit itu adalah tanda-tanda waktu bagi manusia dan (bagi ibadat) haji. Dan bukanlah kebajikan memasuki rumah-rumah dari belakangnya[116]), akan tetapi kebajikan itu ialah kebajikan orang yang bertakwa. Dan masuklah ke rumah-rumah itu dari pintu-pintunya, dan bertakwalah kepada Allah agar kamu beruntung.

190. Dan perangilah di jalan Allah orang-orang yang memerangi kamu, (tetapi) janganlah kamu melampaui batas, karena sesungguhnya Allah tidak menyukai orang-orang yang melampaui batas.

191. Dan bunuhlah mereka di mana saja kamu jumpai mereka, dan usirlah mereka dari tempat mereka telah mengusir kamu (Mekah); dan fitnah[117]) itu lebih besar bahayanya dari pembunuhan, dan janganlah kamu memerangi mereka di Masjidilharam, kecuali jika mereka memerangi kamu di tempat itu. Jika mereka memerangi kamu (di tempat itu), maka bunuhlah mereka. Demikianlah balasan bagi orang-orang kafir.

192. Kemudian jika mereka berhenti (dari memusuhi kamu), maka sesungguhnya Allah Maha Pengampun lagi Maha Penyayang.

---

116). Pada masa jahiliah, orang-orang yang berihram di waktu haji, mereka memasuki rumah dari belakang bukan dari depan. Hal ini ditanyakan pula oleh para sahabat kepada Rasulullah s.a.w., maka diturunkanlah ayat ini.

117). Fitnah (menimbulkan kekacauan), seperti mengusir sahabat dari kampung halamannya, merampas harta mereka dan menyakiti atau mengganggu kebebasan mereka beragama.

193. Dan perangilah mereka itu, sehingga tidak ada fitnah lagi dan (sehingga) ketaatan itu hanya semata-mata untuk Allah. Jika mereka berhenti (dari memusuhi kamu), maka tidak ada permusuhan (lagi), kecuali terhadap orang-orang yang zalim.

194. Bulan haram dengan bulan haram[118], dan pada sesuatu yang patut dihormati[119], berlaku hukum qishaash. Oleh sebab itu barangsiapa yang menyerang kamu, maka seranglah ia, seimbang dengan serangannya terhadapmu. Bertakwalah kepada Allah dan ketahuilah, bahwa Allah beserta orang-orang yang bertakwa.

195. Dan belanjakanlah (harta bendamu) di jalan Allah, dan janganlah kamu menjatuhkan dirimu sendiri ke dalam kebinasaan, dan berbuat baiklah, karena sesungguhnya Allah menyukai orang-orang yang berbuat baik.

Haji.

196. Dan sempurnakanlah ibadah haji dan 'umrah karena Allah. Jika kamu terkepung (terhalang oleh musuh atau karena sakit), maka (sembelihlah) korban[120] yang mudah didapat, dan jangan kamu mencukur kepalamu[121], sebelum korban sampai di tempat penyembelihannya. Jika ada di antaramu yang sakit atau ada gangguan di kepalanya (lalu ia bercukur), maka wajiblah atasnya berfid-yah, yaitu: berpuasa atau bersedekah atau berkorban. Apabila kamu telah (merasa) aman, maka bagi siapa yang ingin mengerjakan 'umrah sebelum haji (di dalam bulan haji), (wajiblah ia menyembelih) korban yang mudah didapat. Tetapi jika ia tidak menemukan (binatang korban atau tidak mampu), maka wajib berpuasa tiga hari dalam masa haji dan tujuh

---

118). Kalau umat Islam diserang di bulan haram, yang sebenarnya di bulan itu tidak boleh berperang, maka diperbolehkan membalas serangan itu di bulan itu juga.

119). Maksudnya antara lain ialah: bulan haram (bulan Zulkaidah, Zulhijjah, Muharram dan Rajab), tanah haram (Mekah), dan Ihram.

120). Yang dimaksud dengan korban di sini ialah menyembelih binatang korban sebagai pengganti pekerjaan wajib haji yang ditinggalkan; atau sebagai denda karena melanggar hal-hal yang terlarang mengerjakannya di dalam ibadah haji.

121). Mencukur kepala adalah salah satu pekerjaan wajib dalam haji, sebagai tanda selesai ihram.

hari (lagi) apabila kamu telah pulang kembali. Itulah sepuluh (hari) yang sempurna. Demikian itu (kewajiban membayar fidyah) bagi orang-orang yang keluarganya tidak berada (di sekitar) Masjidil-haram (orang-orang yang bukan penduduk kota Mekah). Dan bertakwalah kepada Allah dan ketahuilah bahwa Allah sangat keras siksaan-Nya.

197. (Musim) haji adalah beberapa bulan yang dimaklumi[122], barangsiapa yang menetapkan niatnya dalam bulan itu akan mengerjakan haji, maka tidak boleh rafats[123], berbuat fasik dan berbantah-bantahan di dalam masa mengerjakan haji. Dan apa yang kamu kerjakan berupa kebaikan, niscaya Allah mengetahuinya. Berbekallah, dan sesungguhnya sebaik-baik bekal adalah takwa[124] dan bertakwalah kepada-Ku hai orang-orang yang berakal.

198. Tidak ada dosa bagimu untuk mencari karunia (rezki hasil perniagaan) dari Tuhanmu. Maka apabila kamu telah bertolak dari 'Arafat, berzikirlah kepada Allah di Masy'arilharam[125]. Dan berzikirlah (dengan menyebut) Allah sebagaimana yang ditunjukkan-Nya kepadamu, dan sesungguhnya kamu sebelum itu benar-benar termasuk orang-orang yang sesat.

199. Kemudian bertolaklah kamu dari tempat bertolaknya orang-orang banyak ('Arafah) dan mohonlah ampun kepada Allah, sesungguhnya Allah Maha Pengampun lagi Maha Penyayang.

200. Apabila kamu telah menyelesaikan ibadah hajimu, maka berzikirlah (dengan menyebut) Allah, sebagaimana kamu me-

---

122) Ialah bulan Syawal, Zulkaidah dan Zulhijjah
123) "Rafats" artinya mengeluarkan perkataan yang menimbulkan berahi yang tidak senonoh atau bersetubuh.
124) Maksud bekal takwa di sini ialah bekal yang cukup agar dapat memelihara diri dari perbuatan hina atau minta-minta selama dalam perjalanan haji.
125) Ialah bukit Quzah di Muzdalifah

nyebut-nyebut (membangga-banggakan) nenek moyangmu[126]), atau (bahkan) berzikirlah lebih banyak dari itu. Maka di antara manusia ada orang yang berdo'a : "Ya Tuhan kami, berilah kami (kebaikan) di dunia", dan tiadalah baginya bahagian (yang menyenangkan) di akhirat.

201. Dan di antara mereka ada orang yang berdo'a: "Ya Tuhan kami, berilah kami kebaikan di dunia dan kebaikan di akhirat dan peliharalah kami dari siksa neraka"[127]).

202. Mereka itulah orang-orang yang mendapat bahagian dari apa yang mereka usahakan; dan Allah sangat cepat perhitungan-Nya.

203. Dan berzikirlah (dengan menyebut) Allah dalam beberapa hari yang berbilang[128]). Barangsiapa yang ingin cepat berangkat (dari Mina) sesudah dua hari, maka tiada dosa baginya. Dan barangsiapa yang ingin menangguhkan (keberangkatannya dari dua hari itu), maka tidak ada dosa pula baginya[129]) bagi orang yang bertakwa. Dan bertakwalah kepada Allah, dan ketahuilah, bahwa kamu akan dikumpulkan kepada-Nya.

Perbuatan orang-orang munafik.

204. Dan di antara manusia ada orang yang ucapannya tentang kehidupan dunia menarik hatimu, dan dipersaksikannya kepada Allah (atas kebenaran) isi hatinya, padahal ia adalah penantang yang paling keras.

---

126). Adalah menjadi kebiasaan orang-orang Arab Jahiliyah setelah menunaikan haji lalu bermegah-megahan tentang kebesaran nenek-moyangnya. Setelah ayat ini diturunkan maka memegah-megahkan nenek-moyangnya itu diganti dengan zikir kepada Allah.
127). Inilah do'a yang sebaik-baiknya bagi seorang muslim.
128). Maksud zikir di sini ialah membaca takbir, tasbih, tahmid, talbiah dan sebagainya. Beberapa hari yang berbilang ialah tiga hari sesudah hari raya haji yaitu tanggal 11, 12 dan 13 bulan Zulhijjah. Hari-hari itu dinamakan hari-hari tasyriq.
129). Sebaiknya orang haji meninggalkan Mina pada sore hari terakhir dari hari tasyriq- mereka boleh juga meninggalkan Mina pada sore hari yang kedua.

205. Dan apabila ia berpaling (dari kamu), ia berjalan di bumi untuk mengadakan kerusakan padanya, dan merusak tanam-tanaman dan binatang ternak, dan Allah tidak menyukai kebinasaan[130]).

206. Dan apabila dikatakan kepadanya: "Bertakwalah kepada Allah", bangkitlah kesombongannya yang menyebabkannya berbuat dosa. Maka cukuplah (balasannya) neraka Jahannam. Dan sungguh neraka Jahannam itu tempat tinggal yang seburuk-buruknya.

207. Dan di antara manusia ada orang yang mengorbankan dirinya karena mencari keridhaan Allah; dan Allah Maha Penyantun kepada hamba-hamba-Nya.

208. Hai orang-orang yang beriman, masuklah kamu ke dalam Islam secara keseluruhannya, dan janganlah kamu turut langkah-langkah syaitan. Sesungguhnya syaitan itu musuh yang nyata bagimu.

209. Tetapi jika kamu menyimpang (dari jalan Allah) sesudah datang kepadamu bukti-bukti kebenaran, maka ketahuilah, bahwasanya Allah Maha Perkasa lagi Maha Bijaksana.

210. Tiada yang mereka nanti-nantikan melainkan datangnya Allah dan malaikat (pada hari kiamat) dalam naungan awan [131]), dan diputuskanlah perkaranya. Dan hanya kepada Allah dikembalikan segala urusan

---

[130]) Ungkapan ini adalah ibarat dari orang-orang yang berusaha menggoncangkan iman orang-orang mu'min dan selalu mengadakan pengacauan.

[131]) Naungan awan bersama malaikat biasanya mendatangkan hujan yang artinya rahmat, tetapi rahmat yang diharap-harapkan itu tidaklah datang melainkan azab Allah-lah yang datang.

Hikmah diutusnya para rasul dan pelbagai cobaan bagi para pengikutnya.

211. Tanyakanlah kepada Bani Israil: "Berapa banyaknya tanda-tanda (kebenaran)¹³²) yang nyata, yang telah Kami berikan kepada mereka". Dan barangsiapa yang menukar ni'mat Allah¹³³) setelah datang ni'mat itu kepadanya, maka sesungguhnya Allah sangat keras siksa-Nya.

212. Kehidupan dunia dijadikan indah dalam pandangan orang-orang kafir, dan mereka memandang hina orang-orang yang beriman. Padahal orang-orang yang bertakwa itu lebih mulia daripada mereka di hari kiamat. Dan Allah memberi rezki kepada orang-orang yang dikehendaki-Nya tanpa batas.

213. Manusia itu adalah umat yang satu. (Setelah timbul perselisihan), maka Allah mengutus para nabi, sebagai pemberi kabar gembira dan pemberi peringatan, dan Allah menurunkan bersama mereka Kitab dengan benar, untuk memberi keputusan di antara manusia tentang perkara yang mereka perselisihkan. Tidaklah berselisih tentang Kitab itu melainkan orang yang telah didatangkan kepada mereka Kitab, yaitu setelah datang kepada mereka keterangan-keterangan yang nyata, karena dengki antara mereka sendiri. Maka Allah memberi petunjuk orang-orang yang beriman kepada kebenaran tentang hal yang mereka perselisihkan itu dengan kehendak-Nya. Dan Allah selalu memberi petunjuk orang yang dikehendaki-Nya kepada jalan yang lurus.

214. Apakah kamu mengira bahwa kamu akan masuk surga, padahal belum datang kepadamu (cobaan) sebagaimana halnya orang-orang terdahulu sebelum kamu?

---

132). Yaitu tanda-tanda kebenaran yang dibawa nabi-nabi mereka, yang menunjukkan kepada keesaan Allah, dan kebenaran nabi-nabi itu selalu mereka tolak.

133). Yang dimaksud dengan ni'mat Allah di sini ialah perintah-perintah dan ajaran-ajaran Allah.

Mereka ditimpa oleh malapetaka dan kesengsaraan, serta digoncangkan (dengan bermacam-macam cobaan) sehingga berkatalah Rasul dan orang-orang yang beriman bersamanya, "Bilakah datangnya pertolongan Allah?" Ingatlah, sesungguhnya pertolongan Allah itu amat dekat.

BEBERAPA HUKUM SYARI'AT

Orang-orang yang diberi nafkah

215. Mereka bertanya kepadamu tentang apa yang mereka nafkahkan. Jawablah: "Apa saja harta yang kamu nafkahkan hendaklah diberikan kepada ibu-bapak, kaum kerabat, anak-anak yatim, orang-orang miskin dan orang-orang yang sedang dalam perjalanan." Dan apa saja kebajikan yang kamu buat, maka sesungguhnya Allah Maha Mengetahuinya.

Hukum perang dalam Islam

216. Diwajibkan atas kamu berperang, padahal berperang itu adalah sesuatu yang kamu benci. Boleh jadi kamu membenci sesuatu, padahal ia amat baik bagimu, dan boleh jadi (pula) kamu menyukai sesuatu, padahal ia amat buruk bagimu, Allah mengetahui, sedang kamu tidak mengetahui.

217. Mereka bertanya kepadamu tentang berperang pada bulan Haram, Katakanlah: "Berperang dalam bulan itu adalah dosa besar; tetapi menghalangi (manusia) dari jalan Allah, kafir kepada Allah, (menghalangi masuk) Masjidilharam dan mengusir penduduknya dari sekitarnya, lebih besar (dosanya) di sisi Allah[134]. Dan berbuat fitnah[135] lebih besar (dosanya) daripada membunuh. Mereka tidak henti-hentinya memerangi kamu sampai mereka (dapat) mengembalikan kamu dari aga-

---

134). Jika kita ikuti pendapat Ar Razy, maka terjemah ayat di atas sebagai berikut:
Katakanlah "Berperang dalam bulan itu adalah dosa besar, dan (adalah berarti) menghalangi (manusia) dari jalan Allah, kafir kepada Allah dan (menghalangi manusia dari) Masjidilharam. Tetapi mengusir penduduknya dari Masjidilharam (Mekah) lebih besar lagi (dosanya) di sisi Allah. Pendapat Ar Razy ini mungkin berdasarkan pertimbangan, bahwa mengusir Nabi dan sahabat-sahabatnya dari Masjidilharam sama dengan menumpas agama Islam.

135). Fitnah di sini artinya penganiayaan dan segala perbuatan yang dimaksudkan untuk menindas Islam dan Muslimin.

mamu (kepada kekafiran), seandainya mereka sanggup. Barangsiapa yang murtad di antara kamu dari agamanya, lalu dia mati dalam kekafiran, maka mereka itulah yang sia-sia amalannya di dunia dan di akhirat, dan mereka itulah penghuni neraka, mereka kekal di dalamnya.

218. Sesungguhnya orang-orang yang beriman, orang-orang yang berhijrah dan berjihad di jalan Allah, mereka itu mengharapkan rahmat Allah, dan Allah Maha Pengampun lagi Maha Penyayang.

Khamar, judi, harta yang dinafkahkan dan pemeliharaan anak yatim.

219. Mereka bertanya kepadamu tentang khamar[136]) dan judi. Katakanlah: "Pada keduanya itu terdapat dosa besar dan beberapa manfa'at bagi manusia, tetapi dosa keduanya lebih besar dari manfa'atnya". Dan mereka bertanya kepadamu apa yang mereka nafkahkan. Katakanlah: "Yang lebih dari keperluan." Demikianlah Allah menerangkan ayat-ayat-Nya kepadamu supaya kamu berfikir,

220. tentang dunia dan akhirat. Dan mereka bertanya kepadamu tentang anak yatim, katakanlah: "Mengurus urusan mereka secara patut adalah baik, dan jika kamu menggauli mereka, maka mereka adalah saudaramu dan Allah mengetahui siapa yang membuat kerusakan dari yang mengadakan perbaikan. Dan jikalau Allah menghendaki, niscaya Dia dapat mendatangkan kesulitan kepadamu. Sesungguhnya Allah Maha Perkasa lagi Maha Bijaksana.

Pokok-pokok hukum perkawinan, perceraian dan penyusuan.

221. Dan janganlah kamu nikahi wanita-wanita musyrik, sebelum mereka beriman. Sesungguhnya wanita budak yang mu'min lebih baik dari wanita musyrik, walaupun dia menarik hatimu. Dan janganlah kamu menikahkan orang-orang musyrik (dengan wanita-wanita mu'min)

---

136). Segala minuman yang memabukkan.

sebelum mereka beriman. Sesungguhnya budak yang mu'min lebih baik dari orang musyrik walaupun dia menarik hatimu. Mereka mengajak ke neraka, sedang Allah mengajak ke surga dan ampunan dengan izin-Nya. Dan Allah menerangkan ayat-ayat-Nya (perintah-perintah-Nya) kepada manusia supaya mereka mengambil pelajaran.

222. Mereka bertanya kepadamu tentang haidh. Katakanlah: "Haidh itu adalah kotoran". Oleh sebab itu hendaklah kamu menjauhkan diri[137] dari wanita di waktu haidh; dan janganlah kamu mendekati mereka, sebelum mereka suci[138]. Apabila mereka telah suci, maka campurilah mereka itu di tempat yang diperintahkan Allah kepadamu. Sesungguhnya Allah menyukai orang-orang yang taubat dan menyukai orang-orang yang mensucikan diri.

223. Isteri-isterimu adalah (seperti) tanah tempat kamu bercocok-tanam, maka datangilah tanah tempat bercocok-tanammu itu bagaimana saja kamu kehendaki[138 b]. Dan kerjakanlah (amal yang baik) untuk dirimu, dan bertakwalah kepada Allah dan ketahuilah bahwa kamu kelak akan menemui-Nya. Dan berilah kabar gembira orang-orang yang beriman.

224. Janganlah kamu jadikan (nama) Allah dalam sumpahmu sebagai penghalang untuk berbuat kebajikan, bertakwa dan mengadakan ishlah di antara manusia[139]. Dan Allah Maha Mendengar lagi Maha Mengetahui.

225. Allah tidak menghukum kamu disebabkan sumpahmu yang tidak dimaksud (untuk bersumpah), tetapi Allah menghukum kamu disebabkan (sumpahmu) yang disengaja (untuk bersumpah) oleh hatimu. Dan Allah Maha Pengampun lagi Maha Penyantun[140].

---

137). Maksudnya jangan menyetubuhi wanita di waktu haidh.
138). Ialah sesudah mandi. Ada pula yang menafsirkan sesudah berhenti darah ke luar
138 b). yaitu melalui faraj.
139). Maksudnya: melarang bersumpah dengan mempergunakan nama Allah untuk tidak mengerjakan yang baik, seperti: demi Allah, saya tidak akan membantu anak yatim. Tetapi apabila sumpah itu telah terucapkan, haruslah dilanggar dengan membayar kafarat.
140). Halim berarti penyantun, tidak segera menyiksa orang yang berbuat dosa.

226. Kepada orang-orang yang meng-ilaa' isterinya[141]) diberi tangguh empat bulan (lamanya). Kemudian jika mereka kembali (kepada isterinya), maka sesungguhnya Allah Maha Pengampun lagi Maha Penyayang.

227. Dan jika mereka ber'azam (bertetap hati untuk) talak, maka sesungguhnya Allah Maha Mendengar lagi Maha Mengetahui.

228. Wanita-wanita yang ditalak hendaklah menahan diri (menunggu) tiga kali quru[142]. Tidak boleh mereka menyembunyikan apa yang diciptakan Allah dalam rahimnya, jika mereka beriman kepada Allah dan hari akhirat. Dan suami-suaminya berhak merujukinya dalam masa menanti itu, jika mereka (para suami) itu menghendaki ishlah. Dan para wanita mempunyai hak yang seimbang dengan kewajibannya menurut cara yang ma'ruf. Akan tetapi para suami, mempunyai satu tingkatan kelebihan daripada isterinya[143]). Dan Allah Maha Perkasa lagi Maha Bijaksana.

229. Talak (yang dapat dirujuki) dua kali. Setelah itu boleh rujuk lagi dengan cara yang ma'ruf atau menceraikan dengan cara yang baik. Tidak halal bagi kamu mengambil kembali dari sesuatu yang telah kamu berikan kepada mereka, kecuali kalau keduanya khawatir tidak akan dapat menjalankan hukum-hukum Allah. Jika kamu khawatir bahwa keduanya (suami isteri) tidak dapat menjalankan hukum-hukum Allah, maka tidak ada dosa atas keduanya tentang bayaran yang diberikan oleh isteri untuk menebus dirinya[144]) Itulah hukum-hukum Allah, maka janganlah kamu melanggarnya. Barangsiapa yang melanggar hukum-hukum Allah mereka itulah orang-orang yang zalim.

---

141) "Meng-ilaa' isteri maksudnya: bersumpah tidak akan mencampuri isteri. Dengan sumpah ini seorang wanita menderita, karena tidak disetubuhi dan tidak pula diceraikan. Dengan turunnya ayat ini, maka suami setelah 4 bulan harus memilih antara kembali menyetubuhi isterinya lagi dengan membayar kafarat sumpah atau menceraikan.

142) Quru' dapat diartikan suci atau haidh.

143) Hal ini disebabkan karena suami bertanggung jawab terhadap keselamatan dan kesejahteraan rumah tangga (lihat ayat 34 surat An Nissa").

144) Ayat inilah yang menjadi dasar hukum khulu' dan penerimaan 'iwadh. Khulu' yaitu permintaan cerai kepada suami dengan pembayaran yang disebut 'iwadh.

230. Kemudian jika si suami mentalaknya (sesudah talak yang kedua), maka perempuan itu tidak halal lagi baginya hingga dia kawin dengan suami yang lain. Kemudian jika suami yang lain itu menceraikannya, maka tidak ada dosa bagi keduanya (bekas suami pertama dan isteri) untuk kawin kembali jika keduanya berpendapat akan dapat menjalankan hukum-hukum Allah. Itulah hukum-hukum Allah, diterangkan-Nya kepada kaum yang (mau) mengetahui.

231. Apabila kamu mentalak isteri-isterimu, lalu mereka mendekati akhir iddahnya, maka rujukilah mereka dengan cara ma'ruf, atau ceraikanlah mereka dengan cara yang ma'ruf (pula). Janganlah kamu rujuki mereka untuk memberi kemudharatan, karena dengan demikian kamu menganiaya mereka[145]). Barangsiapa berbuat demikian, maka sungguh ia telah berbuat zalim terhadap dirinya sendiri. Janganlah kamu jadikan hukum-hukum Allah sebagai permainan. Dan ingatlah ni'mat Allah padamu, dan apa yang telah diturunkan Allah kepadamu yaitu Al Kitab (Al-Qur'an) dan Al Hikmah (As-Sunnah). Allah memberi pengajaran kepadamu dengan apa yang diturunkan-Nya itu. Dan bertakwalah kepada Allah serta ketahuilah bahwasanya Allah Maha Mengetahui segala sesuatu.

232. Apabila kamu mentalak isteri-isterimu, lalu habis iddahnya, maka janganlah kamu (para wali) menghalangi mereka kawin lagi dengan bakal suaminya[146]), apabila telah terdapat kerelaan di antara mereka dengan cara yang ma'ruf. Itulah yang dinasehatkan kepada orang-orang yang beriman di antara kamu kepada Allah dan hari kemudian. Itu lebih baik bagimu dan lebih suci. Allah mengetahui, sedang kamu tidak mengetahui.

---

[145]). Umpamanya memaksa mereka minta cerai dengan jalan khulu' atau membiarkan mereka hidup terkatung-katung.

[146]). Kawin lagi dengan bekas suami atau dengan laki-laki yang lain.

233. Para ibu hendaklah menyusukan anak-anaknya selama dua tahun penuh, yaitu bagi yang ingin menyempurnakan penyusuan. Dan kewajiban ayah memberi makan dan pakaian kepada para ibu dengan cara yang ma'ruf. Seseorang tidak dibebani melainkan menurut kadar kesanggupannya. Janganlah seorang ibu menderita kesengsaraan karena anaknya dan juga seorang ayah karena anaknya, dan warispun berkewajiban demikian. Apabila keduanya ingin menyapih (sebelum dua tahun) dengan kerelaan keduanya dan permusyawaratan, maka tidak ada dosa atas keduanya. Dan jika kamu ingin anakmu disusukan oleh orang lain, maka tidak ada dosa bagimu apabila kamu memberikan pembayaran menurut yang patut. Bertakwalah kepada Allah dan ketahuilah bahwa Allah Maha Melihat apa yang kamu kerjakan.

234. Orang-orang yang meninggal dunia di antaramu dengan meninggalkan isteri-isteri (hendaklah para isteri itu) menangguhkan dirinya (ber'iddah) empat bulan sepuluh hari. Kemudian apabila telah habis 'iddahnya, maka tiada dosa bagimu (para wali) membiarkan mereka berbuat terhadap diri mereka[147]) menurut yang patut. Allah mengetahui apa yang kamu perbuat.

235. Dan tidak ada dosa bagi kamu meminang wanita-wanita itu[148]) dengan sindiran[149]) atau kamu menyembunyikan (keinginan mengawini mereka) dalam hatimu. Allah mengetahui bahwa kamu akan menyebut-nyebut mereka, dalam pada itu janganlah kamu mengadakan janji kawin dengan mereka secara rahasia, kecuali sekedar mengucapkan (kepada mereka) perkataan yang ma'ruf[150]). Dan janganlah kamu ber'azam (bertetap hati) untuk beraqad

---

147). Berhias, atau bepergian atau menerima pinangan.
148). Yang suaminya telah meninggal dan masih dalam iddah.
149). Wanita yang boleh dipinang secara sindiran ialah wanita yang dalam iddah karena meninggal suaminya, atau karena talak bain, sedang wanita yang dalam 'iddah talak raji'i tidak boleh dipinang walaupun dengan sindiran.
150). Perkataan sindiran yang baik.

nikah, sebelum habis 'iddahnya. Dan ketahuilah bahwasanya Allah mengetahui apa yang ada dalam hatimu; maka takutlah kepada-Nya, dan ketahuilah bahwa Allah Maha Pengampun lagi Maha Penyantun.

236. Tidak ada kewajiban membayar (mahar) atas kamu, jika kamu menceraikan isteri-isterimu sebelum kamu bercampur dengan mereka dan sebelum kamu menentukan maharnya. Dan hendaklah kamu berikan suatu mut'ah (pemberian) kepada mereka. Orang yang mampu menurut kemampuannya dan orang yang miskin menurut kemampuannya (pula), yaitu pemberian menurut yang patut. Yang demikian itu merupakan ketentuan bagi orang-orang yang berbuat kebajikan.

237. Jika kamu menceraikan isteri-isterimu sebelum kamu bercampur dengan mereka, padahal sesungguhnya kamu sudah menentukan maharnya, maka bayarlah seperdua dari mahar yang telah kamu tentukan itu, kecuali jika isteri-isterimu itu mema'afkan atau dima'afkan oleh orang yang memegang ikatan nikah[151], dan pema'afan kamu itu lebih dekat kepada takwa. Dan janganlah kamu melupakan keutamaan di antara kamu. Sesungguhnya Allah Maha Melihat segala apa yang kamu kerjakan.

Kewajiban mengerjakan shalat biarpun dalam keadaan takut.

238. Peliharalah segala shalat(mu), dan (peliharalah) shalat wusthaa[152]. Berdirilah karena Allah (dalam shalatmu) dengan khusyu'.

---

151). Ialah suami atau wali. Kalau wali yang mema'afkan, maka suami dibebaskan dari membayar mahar yang seperdua, sedang kalau suami yang mema'afkan, maka dia membayar seluruh mahar.
152). "Shalat wusthaa" ialah shalat yang di tengah-tengah dan yang paling utama. Ada yang berpendapat, bahwa yang dimaksud dengan "Shalat wusthaa" ialah shalat Ashar. Menurut kebanyakan ahli hadits, ayat ini menekankan agar semua shalat itu dikerjakan dengan sebaik-baiknya.

239. Jika kamu dalam keadaan takut (bahaya), maka shalatlah sambil berjalan atau berkendaraan. Kemudian apabila kamu telah aman, maka sebutlah Allah (shalatlah), sebagaimana Allah telah mengajarkan kepada kamu apa yang belum kamu ketahui.

Wasiat untuk isteri dan mut'ah.

240. Dan orang-orang yang akan meninggal dunia di antaramu dan meninggalkan isteri, hendaklah berwasiat untuk isteri-isterinya, (yaitu) diberi nafkah hingga setahun lamanya dengan tidak disuruh pindah (dari rumahnya). Akan tetapi jika mereka pindah (sendiri), maka tidak ada dosa bagimu (wali atau waris dari yang meninggal) membiarkan mereka berbuat yang ma'ruf terhadap diri mereka. Dan Allah Maha Perkasa lagi Maha Bijaksana.

241. Kepada wanita-wanita yang diceraikan (hendaklah diberikan oleh suaminya) mut'ah[153]) menurut yang ma'ruf, sebagai suatu kewajiban bagi orang-orang yang takwa.

242. Demikianlah Allah menerangkan kepadamu ayat-ayat-Nya (hukum-hukum-Nya) supaya kamu memahaminya.

Kewajiban berjihad dan mengeluarkan harta di jalan Allah s.w.t.

243. Apakah kamu tidak memperhatikan orang-orang yang ke luar dari kampung halaman mereka, sedang mereka beribu-ribu (jumlahnya) karena takut mati; maka Allah berfirman kepada mereka: "Matilah kamu"[154]), kemudian Allah menghidupkan mereka. Sesungguhnya Allah mempunyai karunia terhadap manusia tetapi kebanyakan manusia tidak bersyukur.

---

153). Mut'ah (pemberian) ialah sesuatu yang diberikan oleh suami kepada isteri yang diceraikannya sebagai penghibur, selain nafkah sesuai dengan kemampuannya.

154). Sebagian ahli tafsir (seperti Al-Thabari dan Ibnu Katsir) mengartikan mati di sini dengan mati yang sebenarnya; sedangkan sebahagian ahli tafsir yang lain mengartikannya dengan mati semangat.

244. Dan berperanglah kamu sekalian di jalan Allah, dan ketahuilah sesungguhnya Allah Maha Mendengar lagi Maha Mengetahui.

245. Siapakah yang mau memberi pinjaman kepada Allah, pinjaman yang baik (menafkahkan hartanya di jalan Allah), maka Allah akan memperlipat gandakan pembayaran kepadanya dengan lipat ganda yang banyak. Dan Allah menyempitkan dan melapangkan (rezki) dan kepada-Nya-lah kamu dikembalikan.

246. Apakah kamu tidak memperhatikan pemuka-pemuka Bani Israil sesudah Nabi Musa, yaitu ketika mereka berkata kepada seorang Nabi mereka: "Angkatlah untuk kami seorang raja supaya kami berperang (di bawah pimpinannya) di jalan Allah". Nabi mereka menjawab: "Mungkin sekali jika kamu nanti diwajibkan berperang, kamu tidak akan berperang." Mereka menjawab: "Mengapa kami tidak mau berperang di jalan Allah, padahal sesungguhnya kami telah diusir dari kampung halaman kami dan dari anak-anak kami?"155). Maka tatkala perang itu diwajibkan atas mereka, mereka pun berpaling, kecuali beberapa orang saja di antara mereka. Dan Allah Maha Mengetahui orang-orang yang zalim.

247. Nabi mereka mengatakan kepada mereka: "Sesungguhnya Allah telah mengangkat Thalut menjadi rajamu". Mereka menjawab: "Bagaimana Thalut memerintah kami, padahal kami lebih berhak mengendalikan pemerintahan daripadanya, sedang diapun tidak diberi kekayaan yang banyak?" (Nabi mereka) berkata: "Sesungguhnya Allah telah memilihnya menjadi rajamu dan menganugerahinya ilmu yang luas dan tubuh yang perkasa." Allah memberikan pemerintahan kepada siapa yang dikehendaki-Nya. Dan Allah Maha Luas pemberian-Nya lagi Maha Mengetahui.

---

155). Maksudnya: mereka diusir dan anak-anak mereka ditawan.

248. Dan Nabi mereka mengatakan kepada mereka: "Sesungguhnya tanda ia akan menjadi raja, ialah kembalinya tabut kepadamu, di dalamnya terdapat ketenangan[156] dari Tuhanmu dan sisa dari peninggalan keluarga Musa dan keluarga Harun; tabut itu dibawa oleh Malaikat. Sesungguhnya pada yang demikian itu terdapat tanda bagimu, jika kamu orang yang beriman.

249. Maka tatkala Thalut keluar membawa tentaranya, ia berkata: "Sesungguhnya Allah akan menguji kamu dengan suatu sungai. Maka siapa di antara kamu meminum airnya, bukanlah ia pengikutku. Dan barangsiapa tiada meminumnya, kecuali menceduk seceduk tangan, maka ia adalah pengikutku." Kemudian mereka meminumnya kecuali beberapa orang di antara mereka. Maka tatkala Thalut dan orang-orang yang beriman bersama dia telah menyeberangi sungai itu, orang-orang yang telah minum berkata: "Tak ada kesanggupan kami pada hari ini untuk melawan Jalut dan tentaranya." Orang-orang yang meyakini bahwa mereka akan menemui Allah berkata: "Berapa banyak terjadi golongan yang sedikit dapat mengalahkan golongan yang banyak dengan izin Allah. Dan Allah beserta orang-orang yang sabar."

250. Tatkala mereka nampak oleh Jalut dan tentaranya, merekapun (Thalut dan tentaranya) berdo'a: "Ya Tuhan kami, tuangkanlah kesabaran atas diri kami, dan kokohkanlah pendirian kami dan tolonglah kami terhadap orang-orang kafir."

251. Mereka (tentara Thalut) mengalahkan tentara Jalut dengan izin Allah dan (dalam peperangan itu) Daud membunuh Jalut, kemudian Allah memberikan kepadanya (Daud) pemerintahan dan hikmah[157], (sesudah meninggalnya Thalut) dan mengajarkan kepadanya apa yang dikehendaki-Nya. Seandainya Allah tidak me-

---

156). Tabut ialah peti tempat menyimpan Taurat yang membawa ketenangan bagi mereka.
157). Yang dimaksud di sini ialah kenabian dan Kitab Zabur.

nolak (keganasan) sebahagian manusia dengan sebahagian yang lain, pasti rusaklah bumi ini. Tetapi Allah mempunyai karunia (yang dicurahkan) atas semesta alam.

252. Itu adalah ayat-ayat Allah. Kami bacakan kepadamu dengan hak (benar) dan sesungguhnya kamu benar-benar salah seorang di antara nabi-nabi yang diutus.

JUZ 3

TENTANG RASUL-RASUL DAN KEKUASAAN ALLAH.

Keistimewaan dan perbedaan derajat rasul-rasul.

253. Rasul-rasul itu Kami lebihkan sebagian mereka atas sebagian yang lain. Di antara mereka ada yang Allah berkata-kata (langsung dengan dia) dan sebagiannya Allah meninggikannya158) beberapa derajat. Dan Kami berikan kepada 'Isa putera Maryam beberapa mu'jizat serta Kami perkuat dia dengan Ruhul Qudus159). Dan kalau Allah menghendaki, niscaya tidaklah berbunuh-bunuhan orang-orang (yang datang) sesudah rasul-rasul itu, sesudah datang kepada mereka beberapa macam keterangan, akan tetapi mereka berselisih, maka ada di antara mereka yang beriman dan ada (pula) di antara mereka yang kafir. Seandainya Allah menghendaki, tidaklah mereka berbunuh-bunuhan. Akan tetapi Allah berbuat apa yang dikehendaki-Nya.

Anjuran membelanjakan harta.

254. Hai orang-orang yang beriman, belanjakanlah (di jalan Allah) sebagian dari rezki yang telah Kami berikan kepadamu sebelum datang hari yang pada hari itu tidak ada lagi jual beli dan tidak ada lagi persahabatan yang akrab dan tidak ada lagi syafa'at160). Dan orang-orang kafir itulah orang-orang yang zalim.

---

158). Yakni Nabi Muhammad s.a.w.
159). Lihat kembali not 69.
160). Lihat not 46.

Ayat Kursi.

255. Allah, tidak ada Tuhan (yang berhak disembah) melainkan Dia Yang Hidup kekal lagi terus menerus mengurus (makhluk-Nya); tidak mengantuk dan tidak tidur. Kepunyaan-Nya apa yang di langit dan di bumi. Tiada yang dapat memberi syafa'at di sisi Allah tanpa izin-Nya. Allah mengetahui apa-apa yang di hadapan mereka dan di belakang mereka, dan mereka tidak mengetahui apa-apa dari ilmu Allah melainkan apa yang dikehendaki-Nya. Kursi[161]) Allah meliputi langit dan bumi. Dan Allah tidak merasa berat memelihara keduanya, dan Allah Maha Tinggi lagi Maha Besar.

اللَّهُ لَا إِلَٰهَ إِلَّا هُوَ الْحَيُّ الْقَيُّومُ لَا تَأْخُذُهُ سِنَةٌ وَلَا نَوْمٌ لَّهُ مَا فِي السَّمَاوَاتِ وَمَا فِي الْأَرْضِ مَن ذَا الَّذِي يَشْفَعُ عِندَهُ إِلَّا بِإِذْنِهِ يَعْلَمُ مَا بَيْنَ أَيْدِيهِمْ وَمَا خَلْفَهُمْ وَلَا يُحِيطُونَ بِشَيْءٍ مِّنْ عِلْمِهِ إِلَّا بِمَا شَاءَ وَسِعَ كُرْسِيُّهُ السَّمَاوَاتِ وَالْأَرْضَ وَلَا يَئُودُهُ حِفْظُهُمَا وَهُوَ الْعَلِيُّ الْعَظِيمُ ۝

Tidak ada paksaan memasuki agama Islam.

256. Tidak ada paksaan untuk (memasuki) agama (Islam); sesungguhnya telah jelas jalan yang benar daripada jalan yang sesat. Karena itu barangsiapa yang ingkar kepada Thaghut[162]) dan beriman kepada Allah, maka sesungguhnya ia telah berpegang kepada buhul tali yang amat kuat yang tidak akan putus. Dan Allah Maha Mendengar lagi Maha Mengetahui.

لَا إِكْرَاهَ فِي الدِّينِ قَد تَّبَيَّنَ الرُّشْدُ مِنَ الْغَيِّ فَمَن يَكْفُرْ بِالطَّاغُوتِ وَيُؤْمِن بِاللَّهِ فَقَدِ اسْتَمْسَكَ بِالْعُرْوَةِ الْوُثْقَىٰ لَا انفِصَامَ لَهَا وَاللَّهُ سَمِيعٌ عَلِيمٌ ۝

257. Allah Pelindung orang-orang yang beriman; Dia mengeluarkan mereka dari kegelapan (kekafiran) kepada cahaya (iman). Dan orang-orang yang kafir, pelindung-pelindungnya ialah syaitan, yang mengeluarkan mereka dari cahaya kepada kegelapan (kekafiran). Mereka itu adalah penghuni neraka; mereka kekal di dalamnya.

اللَّهُ وَلِيُّ الَّذِينَ آمَنُوا يُخْرِجُهُم مِّنَ الظُّلُمَاتِ إِلَى النُّورِ وَالَّذِينَ كَفَرُوا أَوْلِيَاؤُهُمُ الطَّاغُوتُ يُخْرِجُونَهُم مِّنَ النُّورِ إِلَى الظُّلُمَاتِ أُولَٰئِكَ أَصْحَابُ النَّارِ هُمْ فِيهَا خَالِدُونَ ۝

---

161). *Kursi* dalam ayat ini oleh sebagian mufassirin diartikan dengan ilmu Allah dan ada pula yang mengartikan dengan kekuasaan-Nya. Pendapat yang sahih terhadap ma'na "Kursi" ialah tempat letak telapak kaki-Nya.

162). *Thaghut*, ialah syaitan dan apa saja yang disembah selain dari Allah s.w.t.

Membangkitkan kembali orang-orang yang sudah mati.

258. Apakah kamu tidak memperhatikan orang[163]) yang mendebat Ibrahim tentang Tuhannya (Allah) karena Allah telah memberikan kepada orang itu pemerintahan (kekuasaan). Ketika Ibrahim mengatakan: "Tuhanku ialah Yang menghidupkan dan mematikan," orang itu berkata: "Saya dapat menghidupkan dan mematikan"[164]). Ibrahim berkata: "Sesungguhnya Allah menerbitkan matahari dari timur, maka terbitkanlah dia dari barat," lalu heran terdiamlah orang kafir itu, dan Allah tidak memberi petunjuk kepada orang-orang yang zalim.

$$\text{أَلَمْ تَرَ إِلَى ٱلَّذِى حَآجَّ إِبْرَٰهِـۦمَ فِى رَبِّهِۦٓ أَنْ ءَاتَىٰهُ ٱللَّهُ ٱلْمُلْكَ إِذْ قَالَ إِبْرَٰهِـۦمُ رَبِّىَ ٱلَّذِى يُحْىِۦ وَيُمِيتُ قَالَ أَنَا۠ أُحْىِۦ وَأُمِيتُ ۖ قَالَ إِبْرَٰهِـۦمُ فَإِنَّ ٱللَّهَ يَأْتِى بِٱلشَّمْسِ مِنَ ٱلْمَشْرِقِ فَأْتِ بِهَا مِنَ ٱلْمَغْرِبِ فَبُهِتَ ٱلَّذِى كَفَرَ ۗ وَٱللَّهُ لَا يَهْدِى ٱلْقَوْمَ ٱلظَّٰلِمِينَ}$$

259. Atau apakah (kamu tidak memperhatikan) orang yang melalui suatu negeri yang (temboknya) telah roboh menutupi atapnya. Dia berkata: "Bagaimana Allah menghidupkan kembali negeri ini setelah hancur?" Maka Allah mematikan orang itu seratus tahun, kemudian menghidupkannya kembali. Allah bertanya: "Berapa lama kamu tinggal di sini?" Ia menjawab: "Saya telah tinggal di sini sehari atau setengah hari". Allah berfirman: "Sebenarnya kamu telah tinggal di sini seratus tahun lamanya; lihatlah kepada makanan dan minumanmu yang belum lagi berobah; dan lihatlah kepada keledai kamu (yang telah menjadi tulang belulang); Kami akan menjadikan kamu tanda kekuasaan Kami bagi manusia; dan lihatlah kepada tulang belulang keledai itu, kemudian Kami menyusunnya kembali, kemudian Kami membalutnya dengan daging". Maka tatkala telah nyata kepadanya (bagaimana Allah menghidupkan yang telah mati) diapun berkata: "Saya yakin bahwa Allah Maha Kuasa atas segala sesuatu".

---

163). Yaitu Namrudz raja Babilonia.
164). Maksud raja Namrudz dengan "menghidupkan" ialah membiarkan hidup, dan yang dimaksudnya dengan "mematikan" ialah membunuh. Perkataannya itu untuk mengejek Nabi Ibrahim a.s.

260. Dan (ingatlah) ketika Ibrahim berkata: "Ya Tuhanku, perlihatkanlah padaku bagaimana Engkau menghidupkan orang mati". Allah berfirman: "Belum yakinkah kamu?". Ibrahim menjawab: "Aku telah meyakininya, akan tetapi agar hatiku tetap mantap (dengan imanku)". Allah berfirman: "(Kalau demikian) ambillah empat ekor burung, lalu cincanglah[165] semuanya olehmu. (Allah berfirman): "Lalu letakkan diatas tiap-tiap satu bukit satu bagian dari bagian-bagian itu, kemudian panggillah mereka, niscaya mereka datang kepadamu dengan segera". Dan ketahuilah bahwa Allah Maha Perkasa lagi Maha Bijaksana.

CARA-CARA PENGGUNAAN HARTA DAN HUKUM-HUKUMNYA.

Menafkahkan harta di jalan Allah.

261. Perumpamaan (nafkah yang dikeluarkan oleh) orang-orang yang menafkahkan hartanya di jalan Allah[166] adalah serupa dengan sebutir benih yang menumbuhkan tujuh bulir, pada tiap-tiap bulir: seratus biji. Allah melipat gandakan (ganjaran) bagi siapa yang Dia kehendaki. Dan Allah Maha Luas (kurnia-Nya) lagi Maha Mengetahui.

---

[165]. Pendapat di atas adalah menurut *At-Thabari* dan *Ibnu Katsir*, sedang menurut Abu Muslim Al Ashfahani pengertian ayat di atas ialah bahwa Allah memberi penjelasan kepada Nabi Ibrahim a.s. tentang cara Dia menghidupkan orang-orang yang mati. Disuruh Nabi Ibrahim a.s. mengambil empat ekor burung lalu memeliharanya dan menjinakkannya hingga burung itu dapat datang seketika, bilamana dipanggil. Kemudian, burung-burung yang sudah pandai itu, diletakkan di atas tiap-tiap bukit seekor, lalu burung-burung itu dipanggil dengan satu tepukan/seruan, niscaya burung-burung itu akan datang dengan segera, walaupun tempatnya terpisah-pisah dan berjauhan. Maka demikian pula Allah menghidupkan orang-orang yang mati yang tersebar di mana-mana, dengan satu kalimat cipta "hiduplah kamu semua" pastilah mereka itu hidup kembali.
Jadi menurut Abu Muslim sighat amr (bentuk kata perintah) dalam ayat ini, pengertiannya khabar (bentuk berita) sebagai cara penjelasan. Pendapat beliau ini dianut pula oleh Ar Razy dan Rasyid Ridha.

[166]. Pengertian menafkahkan *harta di jalan Allah* meliputi belanja untuk kepentingan jihad, pembangunan perguruan, rumah sakit, usaha penyelidikan ilmiyah dan lain-lain.

262. Orang-orang yang menafkahkan hartanya di jalan Allah, kemudian mereka tidak mengiringi apa yang dinafkahkannya itu dengan menyebut-nyebut pemberiannya dan dengan tidak menyakiti (perasaan si-penerima), mereka memperoleh pahala di sisi Tuhan mereka. Tidak ada kekhawatiran terhadap mereka dan tidak (pula) mereka bersedih hati.

263. Perkataan yang baik dan pemberian ma'af[167] lebih baik dari sedekah yang diiringi dengan sesuatu yang menyakitkan (perasaan sipenerima). Allah Maha Kaya lagi Maha Penyantun.

264. Hai orang-orang beriman, janganlah kamu menghilangkan (pahala) sedekahmu dengan menyebut-nyebutnya dan menyakiti (perasaan sipenerima), seperti orang yang menafkahkan hartanya karena riya kepada manusia dan dia tidak beriman kepada Allah dan hari kemudian. Maka perumpamaan orang itu seperti batu licin yang di atasnya ada tanah, kemudian batu itu ditimpa hujan lebat, lalu menjadilah dia bersih (tidak bertanah). Mereka tidak menguasai sesuatupun dari apa yang mereka usahakan; dan Allah tidak memberi petunjuk kepada orang-orang yang kafir[168].

265. Dan perumpamaan orang-orang yang membelanjakan hartanya karena mencari keridhaan Allah dan untuk keteguhan jiwa mereka, seperti sebuah kebun yang terletak di dataran tinggi yang disiram oleh hujan lebat, maka kebun itu menghasilkan buahnya dua kali lipat. Jika hujan lebat tidak menyiraminya, maka hujan gerimis (pun memadai). Dan Allah Maha Melihat apa yang kamu perbuat.

---

[167]. *Perkataan yang baik* maksudnya menolak dengan cara yang baik, dan maksud *pemberian ma'af* ialah mema'afkan tingkah laku yang kurang sopan dari sipeminta.

[168]. Mereka ini tidak mendapat manfa'at di dunia dari usaha-usaha mereka dan tidak pula mendapat pahala di akhirat.

266. Apakah ada salah seorang di antaramu yang ingin mempunyai kebun kurma dan anggur yang mengalir di bawahnya sungai-sungai; dia mempunyai dalam kebun itu segala macam buah-buahan, kemudian datanglah masa tua pada orang itu sedang dia mempunyai keturunan yang masih kecil-kecil. Maka kebun itu ditiup angin keras yang mengandung api, lalu terbakarlah. Demikianlah Allah menerangkan ayat-ayat-Nya kepada kamu supaya kamu memikirkannya[169]).

267. Hai orang-orang yang beriman, nafkahkanlah (di jalan Allah) sebagian dari hasil usahamu yang baik-baik dan sebagian dari apa yang Kami keluarkan dari bumi untuk kamu. Dan janganlah kamu memilih yang buruk-buruk lalu kamu nafkahkan dari padanya, padahal kamu sendiri tidak mau mengambilnya melainkan dengan memicingkan mata terhadapnya. Dan ketahuilah, bahwa Allah Maha Kaya lagi Maha Terpuji.

268. Syaitan menjanjikan (menakut-nakuti) kamu dengan kemiskinan dan menyuruh kamu berbuat kejahatan (kikir); sedang Allah menjanjikan untukmu ampunan daripada-Nya dan karunia[170]). Dan Allah Maha Luas (karunia-Nya) lagi Maha Mengetahui.

269. Allah menganugrahkan al hikmah (kefahaman yang dalam tentang Al Qur'an dan As Sunnah) kepada siapa yang Dia kehendaki. Dan barangsiapa yang dianugrahi al hikmah itu, ia benar-benar telah dianugrahi karunia yang banyak. Dan hanya orang-orang yang berakallah yang dapat mengambil pelajaran (dari firman Allah).

270. Apa saja yang kamu nafkahkan atau apa saja yang kamu nazarkan[171]), maka sesungguhnya Allah mengetahuinya. Orang-orang yang berbuat zalim tidak ada seorang penolongpun baginya,

---

169). Inilah perumpamaan orang yang menafkahkan hartanya karena riya, membangga-banggakan tentang pemberiannya pada orang lain dan menyakiti hati orang.
170). Balasan yang lebih baik dari apa yang dikerjakan sewaktu di dunia.
171). *Nazar* yaitu janji untuk melakukan sesuatu kebaktian terhadap Allah s.w.t. untuk mendekatkan diri kepada-Nya baik dengan syarat ataupun tidak.

271. Jika kamu menampakkan sedekah (mu)[172], maka itu adalah baik sekali. Dan jika kamu menyembunyikannya[173] dan kamu berikan kepada orang-orang fakir, maka menyembunyikan itu lebih baik bagimu. Dan Allah akan menghapuskan dari kamu sebagian kesalahan-kesalahanmu, dan Allah mengetahui apa yang kamu kerjakan.

272. Bukanlah kewajibanmu menjadikan mereka mendapat petunjuk, akan tetapi Allah-lah yang memberi petunjuk (memberi taufiq) siapa yang dikehendaki-Nya. Dan apa saja harta yang baik yang kamu nafkahkan (di jalan Allah), maka pahalanya itu untuk kamu sendiri. Dan janganlah kamu membelanjakan sesuatu melainkan karena mencari keridhaan Allah. Dan apa saja harta yang baik yang kamu nafkahkan, niscaya kamu akan diberi pahalanya dengan cukup sedang kamu sedikitpun tidak akan dianiaya (dirugikan).

273. (Berinfaklah) kepada orang-orang fakir yang terikat (oleh jihad) di jalan Allah; mereka tidak dapat (berusaha) di muka bumi; orang yang tidak tahu menyangka mereka orang kaya karena memelihara diri dari minta-minta. Kamu kenal mereka dengan melihat sifat-sifatnya, mereka tidak meminta kepada orang secara mendesak. Dan apa saja harta yang baik yang kamu nafkahkan (di jalan Allah), maka sesungguhnya Allah Maha Mengetahui.

274. Orang-orang yang menafkahkan hartanya di malam dan di siang hari secara tersembunyi dan terang-terangan, maka mereka mendapat pahala di sisi Tuhannya. Tidak ada kekhawatiran terhadap mereka dan tidak (pula) mereka bersedih hati.

---

172). Menampakkan sedekah dengan tujuan supaya dicontoh orang lain.
173). Menyembunyikan sedekah itu lebih baik dari menampakkannya, karena menampakkan itu dapat menimbulkan riya pada diri sipemberi dan dapat pula menyakitkan hati orang yang diberi.

Hukum riba.

275. Orang-orang yang makan (mengambil) riba[174]) tidak dapat berdiri melainkan seperti berdirinya orang yang kemasukan syaitan lantaran (tekanan) penyakit gila[175]). Keadaan mereka yang demikian itu, adalah disebabkan mereka berkata (berpendapat), sesungguhnya jual beli itu sama dengan riba, padahal Allah telah menghalalkan jual beli dan mengharamkan riba. Orang-orang yang telah sampai kepadanya larangan dari Tuhannya, lalu terus berhenti (dari mengambil riba), maka baginya apa yang telah diambilnya dahulu[176]) (sebelum datang larangan); dan urusannya (terserah) kepada Allah. Orang yang mengulangi (mengambil riba), maka orang itu adalah penghuni-penghuni neraka; mereka kekal di dalamnya.

276. Allah memusnahkan riba dan menyuburkan sedekah[177]). Dan Allah tidak menyukai setiap orang yang tetap dalam kekafiran, dan selalu berbuat dosa[178]).

277. Sesungguhnya orang-orang yang beriman, mengerjakan amal saleh, mendirikan sembahyang dan menunaikan zakat, mereka mendapat pahala di sisi Tuhannya. Tidak ada kekhawatiran terhadap mereka dan tidak (pula) mereka bersedih hati.

278. Hai orang-orang yang beriman, bertakwalah kepada Allah dan tinggalkan sisa riba (yang belum dipungut) jika kamu orang-orang yang beriman.

---

174). Riba itu ada dua macam: nasiah dan fadhl. Riba nasiah ialah pembayaran lebih yang disyaratkan oleh orang yang meminjamkan. Riba fadhl ialah penukaran suatu barang dengan barang yang sejenis, tetapi lebih banyak jumlahnya karena orang yang menukarkan mensyaratkan demikian, seperti penukaran emas dengan emas, padi dengan padi dan sebagainya. Riba yang dimaksud dalam ayat ini riba nasiah yang berlipat ganda dan umum terjadi dalam masyarakat Arab zaman Jahiliyah.
175). Maksudnya: orang yang mengambil riba tidak tenteram jiwanya seperti orang kemasukan syaitan.
176). Riba yang sudah diambil (dipungut) sebelum turun ayat ini, boleh tidak dikembalikan.
177). Yang dimaksud dengan memusnahkan riba ialah memusnahkan harta itu atau meniadakan berkahnya. Dan yang dimaksud dengan menyuburkan sedekah ialah memperkembang harta yang telah dikeluarkan sedekahnya atau melipat gandakan berkahnya.
178). Maksudnya: ialah orang-orang yang menghalalkan riba dan tetap melakukannya.

279. Maka jika kamu tidak mengerjakan (meninggalkan sisa riba) maka ketahuilah, bahwa Allah dan Rasul-Nya akan memerangimu. Dan jika kamu bertaubat (dari pengambilan riba), maka bagimu pokok hartamu; kamu tidak menganiaya dan tidak (pula) dianiaya.

280. Dan jika (orang berhutang itu) dalam kesukaran, maka berilah tangguh sampai dia berkelapangan. Dan menyedekahkan (sebagian atau semua utang) itu, lebih baik bagimu, jika kamu mengetahui.

281. Dan peliharalah dirimu dari (azab yang terjadi pada) hari yang pada waktu itu kamu semua dikembalikan kepada Allah. Kemudian masing-masing diri diberi balasan yang sempurna terhadap apa yang telah dikerjakannya, sedang mereka sedikitpun tidak dianiaya (dirugikan).

Kesaksian dalam mu'amalah.

282. Hai orang-orang yang beriman, apabila kamu bermu'amalah[179]) tidak secara tunai untuk waktu yang ditentukan, hendaklah kamu menuliskannya. Dan hendaklah seorang penulis di antara kamu menuliskannya dengan benar. Dan janganlah penulis enggan menuliskannya sebagaimana Allah telah mengajarkannya, maka hendaklah ia menulis, dan hendaklah orang yang berhutang itu mengimlakkan (apa yang akan ditulis itu), dan hendaklah ia bertakwa kepada Allah Tuhannya, dan janganlah ia mengurangi sedikitpun daripada hutangnya. Jika yang berhutang itu orang yang lemah akalnya atau lemah (keadaannya) atau dia sendiri tidak mampu mengimlakkan, maka hendaklah walinya mengimlakkan dengan jujur. Dan persaksikanlah dengan dua orang saksi dari orang-orang lelaki diantaramu). Jika tak ada dua orang lelaki, maka (boleh) seorang lelaki dan dua orang perempuan dari saksi-saksi yang kamu ridhai, supaya jika seorang lupa maka seorang lagi mengingatkannya.

---

[179]). *Bermu'amalah* ialah seperti berjual beli, berhutang piutang, atau sewa-menyewa dan sebagainya.

Janganlah saksi-saksi itu enggan (memberi keterangan) apabila mereka dipanggil; dan janganlah kamu jemu menulis hutang itu, baik kecil maupun besar sampai batas waktu membayarnya. Yang demikian itu, lebih adil di sisi Allah dan lebih dapat menguatkan persaksian dan lebih dekat kepada tidak (menimbulkan) keraguanmu, (Tulislah mu'amalahmu itu), kecuali jika mu'amalah itu perdagangan tunai yang kamu jalankan di antara kamu, maka tak ada dosa bagi kamu, (jika) kamu tidak menulisnya. Dan persaksikanlah apabila kamu berjual beli; dan janganlah penulis dan saksi saling sulit-menyulitkan. Jika kamu lakukan (yang demikian), maka sesungguhnya hal itu adalah suatu kefasikan pada dirimu. Dan bertakwalah kepada Allah; Allah mengajarmu; dan Allah Maha Mengetahui segala sesuatu.

283. Jika kamu dalam perjalanan (dan bermu'amalah tidak secara tunai) sedang kamu tidak memperoleh seorang penulis, maka hendaklah ada barang tanggungan yang dipegang[180] (oleh yang berpiutang). Akan tetapi jika sebagian kamu mempercayai sebagian yang lain, maka hendaklah yang dipercayai itu menunaikan amanatnya (hutangnya) dan hendaklah ia bertakwa kepada Allah Tuhannya; dan janganlah kamu (para saksi) menyembunyikan persaksian. Dan barangsiapa yang menyembunyikannya, maka sesungguhnya ia adalah orang yang berdosa hatinya; dan Allah Maha Mengetahui apa yang kamu kerjakan.

Pujian Allah terhadap para mu'min dan do'a mereka.

284. Kepunyaan Allah-lah segala apa yang ada di langit dan apa yang ada di bumi. Dan jika kamu melahirkan apa yang ada di dalam hatimu atau kamu menyembunyikannya, niscaya Allah akan membuat perhitungan dengan kamu tentang perbuatanmu itu. Maka

---

180) Barang tanggungan (borg) itu diadakan bila satu sama lain tidak percaya mempercayai.

Allah mengampuni siapa yang dikehendaki-Nya dan menyiksa siapa yang dikehendaki-Nya; dan Allah Maha Kuasa atas segala sesuatu.

وَلِلَّهِ عَلَىٰ كُلِّ شَىْءٍ قَدِيرٌ ۝

285. Rasul telah beriman kepada Al Qur'an yang diturunkan kepadanya dari Tuhannya, demikian pula orang-orang yang beriman. Semuanya beriman kepada Allah, malaikat-malaikat-Nya, kitab-kitab-Nya dan rasul-rasul-Nya. (Mereka mengatakan): "Kami tidak membeda-bedakan antara seseorangpun (dengan yang lain) dari rasul-rasul-Nya", dan mereka mengatakan: "Kami dengar dan kami ta'at". (Mereka berdo'a). "Ampunilah kami ya Tuhan kami dan kepada Engkaulah tempat kembali".

ءَامَنَ ٱلرَّسُولُ بِمَآ أُنزِلَ إِلَيْهِ مِن رَّبِّهِۦ وَٱلْمُؤْمِنُونَ كُلٌّ ءَامَنَ بِٱللَّهِ وَمَلَٰٓئِكَتِهِۦ وَكُتُبِهِۦ وَرُسُلِهِۦ لَا نُفَرِّقُ بَيْنَ أَحَدٍ مِّن رُّسُلِهِۦ وَقَالُوا۟ سَمِعْنَا وَأَطَعْنَا غُفْرَانَكَ رَبَّنَا وَإِلَيْكَ ٱلْمَصِيرُ ۝

286. Allah tidak membebani seseorang melainkan sesuai dengan kesanggupannya. Ia mendapat pahala (dari kebajikan) yang diusahakannya dan ia mendapat siksa (dari kejahatan) yang dikerjakannya. (Mereka berdo'a): "Ya Tuhan kami, janganlah Engkau hukum kami jika kami lupa atau kami tersalah. Ya Tuhan kami, janganlah Engkau bebankan kepada kami beban yang berat sebagaimana Engkau bebankan kepada orang-orang yang sebelum kami. Ya Tuhan kami, janganlah Engkau pikulkan kepada kami apa yang tak sanggup kami memikulnya. Beri ma'aflah kami; ampunilah kami; dan rahmatilah kami. Engkaulah Penolong kami, maka tolonglah kami terhadap kaum yang kafir".

لَا يُكَلِّفُ ٱللَّهُ نَفْسًا إِلَّا وُسْعَهَا لَهَا مَا كَسَبَتْ وَعَلَيْهَا مَا ٱكْتَسَبَتْ رَبَّنَا لَا تُؤَاخِذْنَآ إِن نَّسِينَآ أَوْ أَخْطَأْنَا رَبَّنَا وَلَا تَحْمِلْ عَلَيْنَآ إِصْرًا كَمَا حَمَلْتَهُۥ عَلَى ٱلَّذِينَ مِن قَبْلِنَا رَبَّنَا وَلَا تُحَمِّلْنَا مَا لَا طَاقَةَ لَنَا بِهِۦ وَٱعْفُ عَنَّا وَٱغْفِرْ لَنَا وَٱرْحَمْنَآ أَنتَ مَوْلَىٰنَا فَٱنصُرْنَا عَلَى ٱلْقَوْمِ ٱلْكَٰفِرِينَ ۝

PENUTUP

Kesimpulan surat Al Baqarah ialah:

1. Menjelaskan beberapa hukum dalam agama Islam.
2. Mengemukakan beberapa perumpamaan.
3. Mengemukakan hujjah-hujjah.

Persesuaian surat Al Baqarah dengan surat Ali 'Imran ialah:

1. Dalam surat Al Baqarah disebutkan Nabi Adam a.s. yang langsung diciptakan Tuhan, sedang dalam surat Ali 'Imran disebutkan tentang kelahiran Nabi 'Isa a.s., yang kedua-duanya dijadikan Allah menyimpang dari kebiasaan.

2. Dalam surat Al Baqarah sifat dan perbuatan orang-orang Yahudi dibentangkan secara luas, disertai dengan hujjah untuk mematahkan hujjah-hujjah mereka yang membela kesesatan, sedang dalam surat Ali 'Imran dibentangkan hal-hal yang serupa yang berhubungan dengan orang Nasrani.

3. Surat Al Baqarah dimulai dengan menyebutkan tiga golongan manusia, ialah orang-orang mu'min, orang-orang kafir dan orang-orang munafik, sedang surat Ali 'Imran dimulai dengan menyebutkan orang-orang yang suka menta'wilkan ayat yang mutasyabihaat dengan ta'wil yang salah untuk memfitnah orang mu'min dan menyebutkan orang yang mempunyai keahlian dalam menta'wilkannya.

4. Surat Al Baqarah disudahi dengan permohonan kepada Allah agar diampuni kesalahan-kesalahan dan kealpaan dalam melaksanakan ta'at, sedang surat Ali 'Imran disudahi dengan permohonan kepada Allah agar Dia memberi pahala atas amal kebaikan hamba-Nya.

5. Surat Al Baqarah dimulai dengan menyebutkan sifat-sifat orang yang bertakwa, sedang surat Ali 'Imran dimulai dengan perintah bertakwa.